中国旅游发展年度报告书系
Annual Development Report of China's Tourism

中国出境旅游发展年度报告 2020

ANNUAL REPORT OF CHINA OUTBOUND TOURISM DEVELOPMENT 2020

中国旅游研究院

北京·旅游教育出版社

责任编辑：郭珍宏

图书在版编目（CIP）数据

中国出境旅游发展年度报告. 2020 ／ 中国旅游研究院著. -- 北京：旅游教育出版社，2021.3
ISBN 978-7-5637-4227-1

Ⅰ.①中… Ⅱ.①中… Ⅲ.①国际旅游－研究报告－中国－2020 Ⅳ.①F592.3

中国版本图书馆CIP数据核字(2021)第049663号

中国出境旅游发展年度报告2020
中国旅游研究院　著

出版单位	旅游教育出版社
地　　址	北京市朝阳区定福庄南里1号
邮　　编	100024
发行电话	（010）65778403　65728372　65767462（传真）
本社网址	www.tepcb.com
E - mail	tepfx@163.com
排版单位	北京旅教文化传播有限公司
印刷单位	北京中科印刷有限公司
经销单位	新华书店
开　　本	787毫米×1092毫米　1/16
印　　张	8
字　　数	109千字
版　　次	2021年3月第1版
印　　次	2021年3月第1次印刷
定　　价	55.00元

（图书如有装订差错请与发行部联系）

《中国出境旅游发展年度报告 2020》
编委会

主　任　　戴　斌
副主任　　李仲广　唐晓云
编　委（按姓氏音序排列）
　　　　　戴　斌　何琼峰　李仲广　马仪亮　宋子千
　　　　　唐晓云　吴丰林　吴　普　杨宏浩　杨劲松

《中国出境旅游发展年度报告 2020》
编写组

主　编
戴　斌　中国旅游研究院院长、教授、博士
执行主编
杨劲松　中国旅游研究院国际研究所（港澳台研究所）所长
成　员
杨丽琼　刘祥艳　马仪亮　何琼峰　吴丰林　郭　娜　张佳怡
戴慧慧　韩　霄　白慧茹　周云儿　徐　宁　余　超

前 言
FOREWORD

今年的新冠肺炎疫情对我国入出境旅游业的影响远超过 1998 年的亚洲金融危机、2003 年的非典和 2009 年的金融危机。有组织的旅游活动从今年春节开始就全面停滞了，到今天为止依然尚没有恢复的迹象。目前我国外防输入内防反弹的压力依然很大。由于疫情的结束尚没有时间表，我们对入出境旅游何时恢复也不做具体的时间表的预测。

但从好的方面来看，尽管承受了如此巨大的压力，但我国这么多的入境游客、出境游客顺利返回了他们所在的国家和地区，所在的城市，没有因为旅游而传播和扩散疫情。广大的旅游企业员工还在坚持，没有发生全行业旅游企业的倒闭和员工大规模的失业。与此同时，我们也能感受到行业正在采取积极自救，政府也在通过产业政策、金融政策和财政政策来给我们全行业以应有的支撑托底。还有，国际旅游组织双多边的旅游交流没有停止，不过有的从线下转到线上，不管从 G20 还是 APEC，大家在疫情对旅游业的冲击和影响方面的研究、经验分享一天都没有停止过，大家都是相向而行的。在过去的三个季度里，我们的旅游业遭受了巨大的冲击和影响，但我们挺过来了。我们走出了至暗时刻，每个人在此过程当中都经历了巨大的挑战，但大家是我们全行业的一个组成部分，每一个人都是感同身受，我们和大家在一起。

从目前的情况看，最坏的时刻已经过去了，尽管黎明的曙光还没有显露，但至暗的深夜已经过去。之所以这样说，新冠肺炎疫情对入出境旅游市场的影响最大的冲击也是最难以抚平的创伤可能不是市场，也不是人员，而是心理。我们对这个行业有没有信心？如果所有人对这个行业是有信心的，没有离开这个行业，那产业发展的未来一定会有保障。

从以下三个方面来看，黎明的曙光即将显露，我们的产业发展动能会逐步恢复。

第一，中国的抗疫已经取得了战略性成果。第三季度 GDP 实现正增长，中国在全球主要经济体里是今年唯一能够实现正增长的主。这是我们旅游市场恢复和产业动能恢复的最重要的信心来源。经济有增长，生活有闲暇。关键是我们有信心，总有一天我们会出去走一走看一看。

第二，从旅游市场来看，今年的国庆中秋八天长假，我们共接待了6.37亿国内旅游人次，产生了4665亿元的旅游收入，同比恢复了80%和70%。有的国际媒体在说，"全世界都在忙着游行，只有中国在忙旅行。"这意味着我们对环境足够有信心，中秋节过出了春节的感觉，人民对美好生活的向往，对旅游休闲的需求没有因为疫情而消失，它就像含羞草一样，来了一个疫情会闭起来，但有了阳光它就会开起来。正是因为对前三个季度特别是五一、端午、国庆、中秋几个长假的数据做出了判断，全年国内旅游市场呈现一个U形的发展态势，从四季度调查的旅游消费意愿来看，已经接近了往年的同比水平。所以我们说国内旅游的消费信心正在恢复，国际旅游消费的需求正在集聚。

中国内地和澳门特别行政区之间已经在旅游签注、人员往来方面给予了最大的便利，同时我们也注意到各国各地区开始重视疫情的防控。当第二波疫情来的时候，欧洲一些国家也开始采取了封城、减少人员外出这样一些举措，表面上看起来对人员的流动产生阶段性的抑制和影响，但从我们过去的经验来看，只有承受短期内人员流动得到抑制的代价，才会迎来长期的人员流动繁荣和旅游市场的增长。只要我们看到越来越多的国家和地区对人员的聚集旅行采取限制措施的时候，我们才会做出判断。事情正在悄悄起变化，正在往好的方向转型。这是我们正在经历的，包括下个星期在中国上海将召开2020年国际旅游交易会，我们在这个会上也会去探讨，和各国各地区的旅游人一起来探讨，如何走出最困难的时期，迎来国际旅游市场发展的新未来。至暗的深夜已经过去，黎明的曙光即将到来。

第三，对未来一个时期我们还是要保持旅游市场繁荣的信心，迎接旅游变革的挑战。希望国内从事入出境旅游业务的旅行商、旅游集团和海外旅游目的地推广机构、航空公司、旅游组团社和酒店、博物馆、度假区等旅游供应商大家要拉手不放手，要保持密切的接触。只有大家都在一起去讨论问题的时候，我们才会传递彼此之间的信心，千万不要因为我们遇到暂时的困难大家就放弃了，就不做了。我听说有的海外旅游目的地正在减少驻中国的旅游办事处的人员经费，减少工作量，我看不必要，我相信这个市场会随着疫情的消散而恢复的。对中国这么庞大的市场走了再回来，要付出更大的代价，希望业界的朋友们拉手不放手，保持紧密的接触，共同面对充满挑战的未来。

未来，希望我们的旅游行政主管部门、旅游行业协会、国际旅游组织共同努力，制定面向未来的战略与旅游市场，同频共振。

这段时间我在京和一些来访的旅游机构进行深入会谈，在各地也和一些相关机构的负责人进行广泛交流。能够感觉到，大家都对这个市场的恢复做一些谋划，大家说的气泡旅游或者泡泡旅游，我没找到具体的中文词汇，实际可能是点对点开放的旅游，城市和城市之间、地区和地区之间、国家和国家之间，慢慢大家的发展阶段差不多了，就开放了，做好技术上的防范，我们就可以开放了，然后逐渐把我们的市场从点到点，从点到带，从带到面。

对全球旅游市场来说，像中国政府这样3月14号放开省内旅游，7月14号放开跨省旅游，靠一纸通知来去推动市场的恢复可能不现实，毕竟涉及国家和国家、地区和地区之间的协调。在这种情况下，双边旅游行政主管部门的交流、地区之间旅游行政主管部门的交流就变得尤其重要。旅游部门和卫生防疫部门、移民边检部门、海关等部门之间要加强合作，希望不要等全球的疫情都归零了，我们再放开全球市场。城市和城市之间，边境之间，如果在可控的情况下，可以借鉴中国内地和中国澳门之间的旅游协议，为未来的旅游市场全面复苏开放积累经验。当然，我也注意到包括邮轮公司在内也在积极探索技术性停靠、无目的地旅游、航空公司随心飞等一些措施，希望这样一些技术上的探讨能和政策上的创新融合起来，积极探索一个市场的繁荣可行的路径是什么。

希望各国政府对广大的旅游企业，特别是从事入境和出境市场的企业给扶持和创新引导。随着跨省旅游的恢复，一些旅游企业开始把一些主要的精力放到省内旅游、本地游甚至本地休闲市场，取得不俗的成绩，就我的了解，上海春秋旅行社的城市微旅游、广州广之旅的周边旅游商务旅行都已经做得很好。但从全行业来看，广大的入出境旅行社承担了巨大的压力，希望我们政府的政策能够更加精准，对入出境旅行社，对入境领队和出境导游，特定的企业和特定的群体给予更加精准的政策扶持，总结提炼一批微旅游、微度假、本地游、社群旅游、亲子旅游、休闲度假旅游、乡村旅游、非遗旅游等产品研发和运作的经验，在整个市场进行推广。在没有时间表的情况下，我们做好路线图，等市场一开放的时候，我们就可以快速切入。

总之，在入出境旅游市场，2020年必将是载入中国旅游发展史册的一年。在这一年中间我们失去了市场，承受了行业的压力和挑战，我们也积累了经验，我们也团结了力量。相信有政府的支持，有行业的自助，特别是广大旅游业者之间紧密的团结和合作，我们就一定能够保持对未来繁荣的信心，也一定能够应对面向未来的挑战。衷心祝愿我国的出入境和国际旅游市场早日繁荣复苏。

中国旅游研究院院长、教授、博士生导师

2020 年 11 月 10 日

目 录
CONTENTS

第一章 疫情突然中断了出境旅游的平稳发展 …………………………… 1
  一、2019年中国出境旅游保持平稳发展 ………………………………… 2
  二、2019年中国出境旅游的目的地结构保持稳定 ……………………… 3
  三、在疫情冲击下，2020年的出境旅游发展基本停滞 ………………… 7

第二章 出境旅游市场的长期因素保持稳定 …………………………… 11
  一、出境旅游的发展基础依然强固 ……………………………………… 12
  二、各省（区、市）客源地潜在出游力保持收敛态势 ………………… 14
  三、典型城市的出境旅游市场保持稳定 ………………………………… 19
  四、出境旅游的发展环境持续优化 ……………………………………… 24

第三章 疫情下的出境目的地和市场主体的努力 ……………………… 31
  一、出境目的地应对疫情采取的主要措施 ……………………………… 32
  二、心动＋行动：出境目的地对中国出境旅游市场的期望和作为 …… 37
  三、保护游客＋保存元气＋保育未来：出境市场主体的积极作为 …… 38

第四章　不惧风雨，目的地满意度水平保持稳定 ·················· 41
　　一、出境游客满意度持续改善 ································· 42
　　二、目的地满意度水平保持稳定 ······························· 42

第五章　对未来的判断和展望：未来依然好，行动正此时 ··········· 71
　　一、影响出境旅游恢复发展的因素分析和未来判断 ··············· 72
　　二、相向而行的意愿和更积极的行动 ··························· 73

附录一　出境游游客目的地消费行为特征 ························· 75
　　一、出境游游客人口统计特征小幅度波动 ······················· 76
　　二、出境游游客消费决策影响因素 ····························· 80
　　三、出境游游客消费决策特征 ································· 82
　　四、出境游游客消费结构特征 ································· 86

附录二　主要目的地消费特征 ··································· 89
　　一、中国香港 ··· 90
　　二、中国澳门 ··· 94
　　三、中国台湾 ··· 98
　　四、日本 ··· 101
　　五、美国 ··· 105
　　六、加拿大 ··· 108
　　七、南非 ··· 110
　　八、澳大利亚 ··· 113

后　记 ··· 116

第一章
疫情突然中断了出境旅游的平稳发展

一、2019年中国出境旅游保持平稳发展

体现在发展速度上,也体现在目的地结构和客源地结构上。

2019年,我国的出境旅游市场仍然保持了增长态势,规模达到1.55亿人次,相比2018年同比增长了3.3%。2019年,中国出境旅游市场的增长速度放缓,其同比增速是自2010年以来最低的一年(见图1-1)。与此相对应,出境游客的消费能力持续增长。2019年,我国出境游客境外消费超过1338亿美元,增速超过2%。

2019年度全国旅行社出境旅游组织6288.06万人次、32 070.63万人天。2019年度旅行社出境旅游组织人次排名前十位的目的地国家或地区由高到低依次为泰国(17%)、日本(12%)、中国台湾地区(9%)、越南(8.32%)、中国香港地区(6.78%)、中国澳门地区(5.03%)、新加坡(4.31%)、马来西亚(4.27%)、印度尼西亚(2.9%)、俄罗斯(3%)[①]。2019年度全国旅行社出境旅游营业收入2145.56亿元,占全国旅行社旅游业务营业收入总量的41.54%;出境旅游业务利润为89.58亿元,占全国旅行社旅游业务利润总量的38.40%。

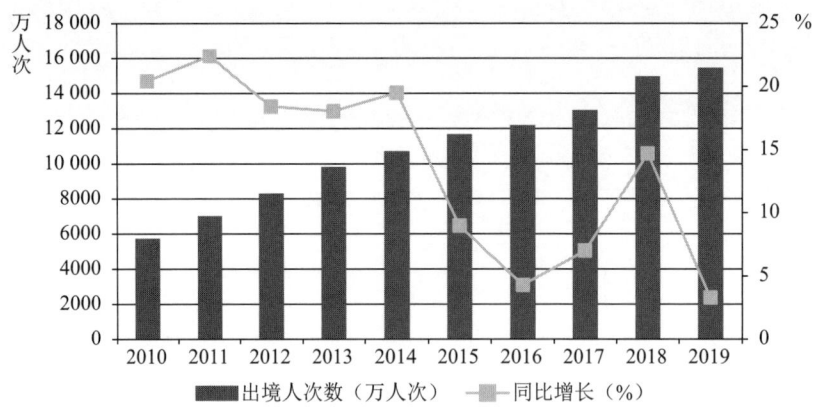

图1-1 我国2010—2019年出境旅游人次和增长率

---

① 资料来源:文化和旅游部。

从月度数据上来看我国的出境旅游规模，2019年的前7个月度的出境旅游人次较2018年有所增长，出境人次都在1200万人次以上。2019年的后5个月度的出境旅游人次皆低于2018年，同比增速呈现负值（见图1-2）。

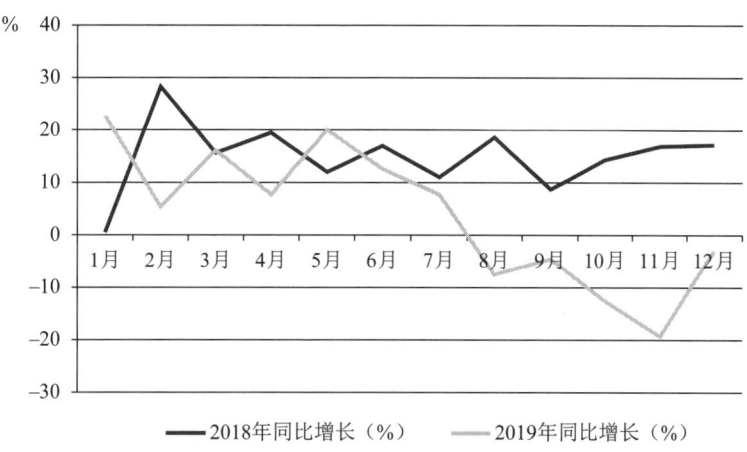

图1-2 我国2018年和2019年出境旅游人次月度同比增长

二、2019年中国出境旅游的目的地结构保持稳定

2019年我国出境旅游目的地依然以亚洲周边目的地为主，港澳台是最主要的目的地，旅游人次为10 237万人次。2019年，我国游客赴不含港澳台的其他亚洲国家或地区旅游达到6002万人次，比2018年增长了20%。在我国游客赴不含港澳台的其他亚洲国家或地区的目的地中，越南、泰国和日本占据了前三名，出境旅游人次皆在1000万人次以上。我国游客赴缅甸、朝鲜和越南的旅游人次增速最快，分别达到了116.9%、75%、45.7%。

我国出境游在洲际目的地结构占比中，亚洲继续在洲际目的地上占据首位，占比为92.33%，之后依次为欧洲（3.88%）、美洲（2.26%）、大洋洲（1.14%）、非洲（0.35%）和其他地区（0.05%）。赴亚洲地区游客同比增长8.9%，赴欧洲地区游客同比增长6.2%，赴大洋洲地区游客同比减少5.2%，赴美洲地区游客同比减少2.6%，赴非洲游客同比减少10.3%。

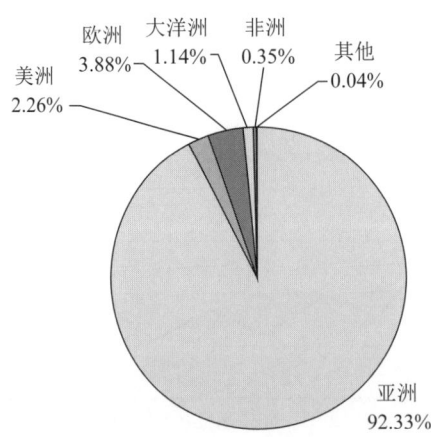

图 1-3 2019 年我国出境游洲际市场份额

2019 年，中国（内地）出境旅游目的地前十五位依次为中国澳门、中国香港、越南、泰国、日本、韩国、缅甸、美国、中国台湾、新加坡、马来西亚、俄罗斯、柬埔寨、菲律宾、澳大利亚（见图 1-4）。与 2018 年中国（内地）出境旅游目的地前十五位相比，缅甸是 2019 年中国出境游目的地的黑马，排在了第七位；越南从第五位挤进了前三位；印度尼西亚离开了前十五位。

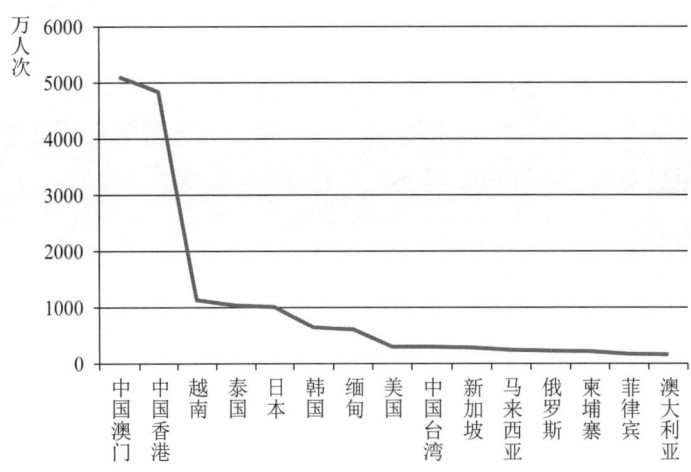

图 1-4 2019 年主要出境旅游目的地接待中国游客市场份额（前 15 位）

2019 年，我国出国游客占出境游客总数的 41.79%，同比增长了 1%，赴港澳台游客占总出境游客的 58.21%。从图 1-5 可以看出，总体来看，我国出境游客的结构占比中,赴港澳台游客占比高于出国游客的占比,但是这种差距正在逐渐缩小。我国出国游客的占比自2014年以来不断提升。

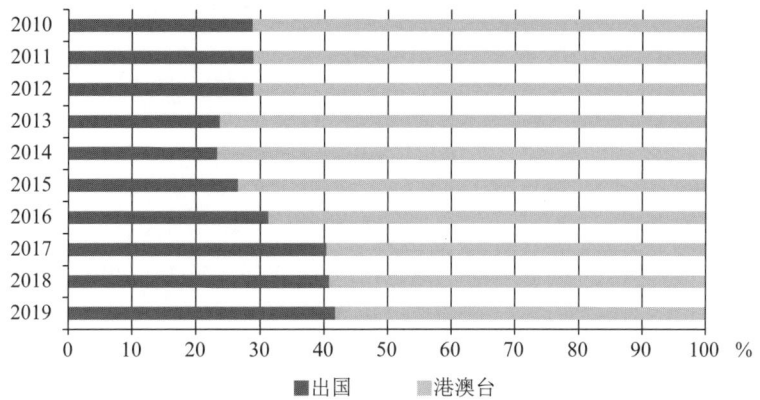

图1-5　2010—2019年我国出国旅游人次与赴港澳台旅游人次比较

2019年内地(大陆)赴港澳台旅游人数比2018年同期上升了3.2%(见图1-6),赴澳旅游人数首次超过赴港旅游人数。2019年,香港接待内地游客全年下降了7.3%;澳门接待内地游客增长15.6%;台湾接待大陆游客人数增长了2.1%。2011年以来,内地(大陆)赴澳门旅游的游客量呈现出阶梯式的稳步上升趋势;赴香港旅游的游客量则呈现出波浪式的上升趋势;赴台湾旅游的游客量波动不大,较为平稳(见图1-7)。

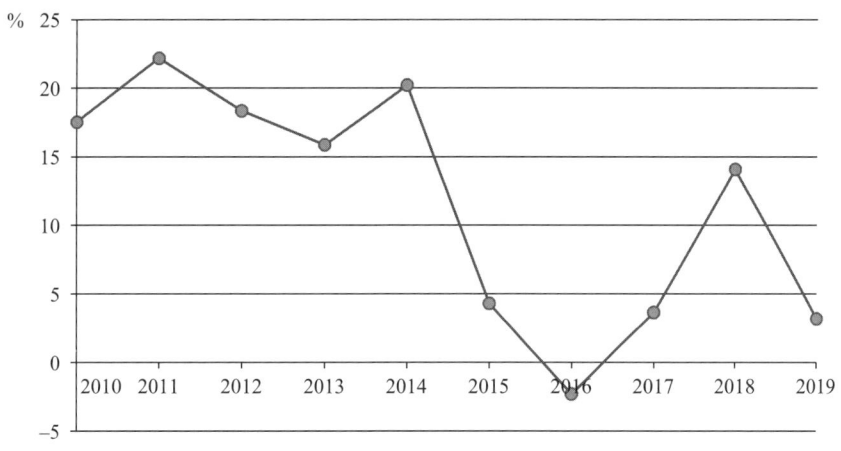

图1-6　2010—2019年我国内地(大陆)赴港澳台游客增长率

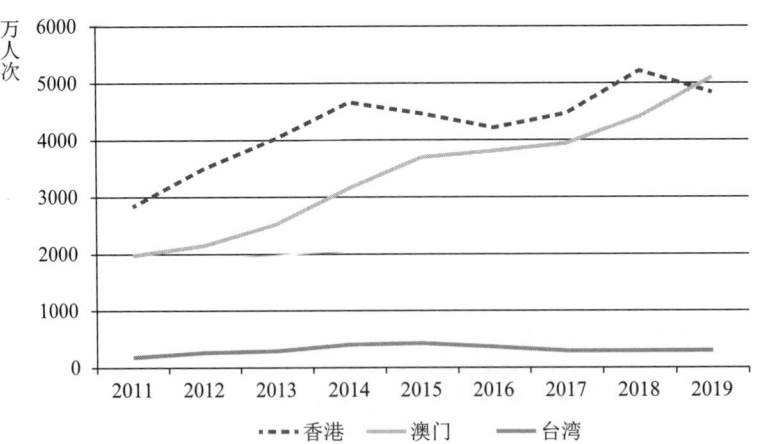

图1-7 2011—2019年我国内地（大陆）赴港澳台游客数量

如图1-8所示，2019年我国出境旅游市场的季节性变化依然明显，高峰集中，但是其高低峰值相较于2018年有所不同。2019年的1月、5月和7月是出境游的旺季，9月、10月和11月则是出境游的淡季。2018年的出境游旺季则出现在7月、8月和12月，淡季出现在5月、6月和9月。

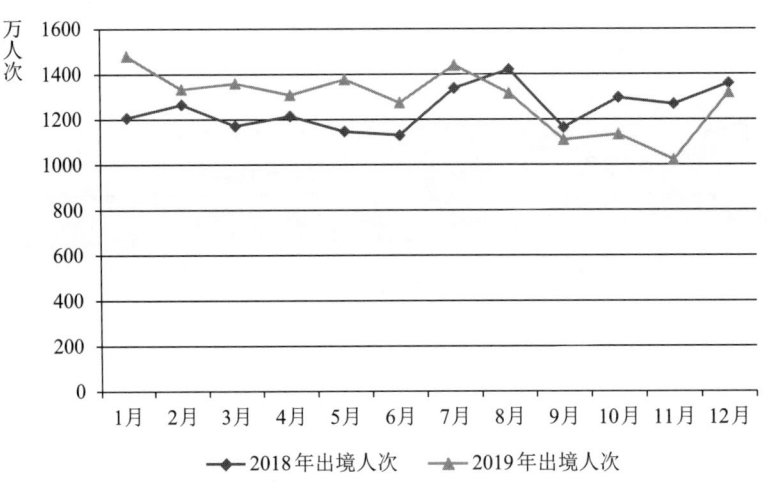

图1-8 2018年和2019年我国各月出境旅游人次对比

三、在疫情冲击下，2020年的出境旅游发展基本停滞

自疫情暴发以来，海关总署、国家移民管理局等单位联合发布，建议国人非必要不参与出入境旅游的建议，减少人员跨境流动。从大年三十开始，旅游系统的工作重心由"繁荣市场、保障供给"调整为"停组团、关景区、控疫情"，2020年1月24日，文化和旅游部办公厅下发《关于全力做好新型冠状病毒感染的肺炎疫情防控工作暂停旅游企业经营活动的紧急通知》，要求所有"线上旅游产品"和旅游团全部停止出行，所有旅行社暂停组团和地接业务。全国公安机关出入境管理部门暂停受理、审批、签发内地居民赴香港、澳门团队旅游、个人旅游（含深圳"一周一行"）签证。至今也暂时未恢复旅行社及在线旅游企业出入境团队旅游。

受疫情的影响，2020上半年，中国出境旅游人数1246.5万人次，同比下降了84.7%。从月度数据上来看，中国出境旅游人数呈断崖式下降趋势，从1月份的1155.8万人次跌至4月份的1.2万人次，4、5、6月份的同比下降幅度高达99.8%以上，出境旅游市场几乎处于停滞状态。2018年、2019年的1—6月份出境旅游人数的同比增长率皆为正数，且增长率的高低峰值交错分布（即2018年月度同比增长率的高峰值是2019年的低峰值），而2020年的1—6月份出境旅游人数的同比增长率皆为负数（见图1-9）。

疫情使得中国出境旅游市场发展暂时中断，但是相关方的努力一刻也没有中断。文化和旅游部门积极作为，在坚决保障出境游客生命安全和身体健康、维护合法权益的同时，还从产业端发力，先后推出了暂返旅行社质量保证金、恢复省内旅游业务、景区预约开放、调整旅游发展基金使用方向等支持旅游企业的政策，指导地方旅游部门和旅游商会、协会等行业组织，积极协调和多方争取有利的财政、金融、产业、投资政策和稳岗补贴。这些政策和措施或直接、或间接地提升了出境旅游市场主体的信心、增强了生存发展的能力，有益于出境旅游的复苏和振兴。

值得注意的是，从2020年1月23日起，一些航空公司相继暂时取消飞往中国的客运航班，导致大量前期出境的中国游客留在境外。如图1-10所示，2020年1-8月，中国民航港澳台和国际航线客运量骤减。为此，国家卫健委、外交部、文化和旅游部、中国民航局等部委与航空公司、驻外机构密切联系、通力合作派包机成功接回了滞留境外的中国游客。这不仅充分体现了中国政府

为民众排忧解难的负责任态度,也为中国游客实现"世界这么大,我想去看看"的梦想增添了几分底气。

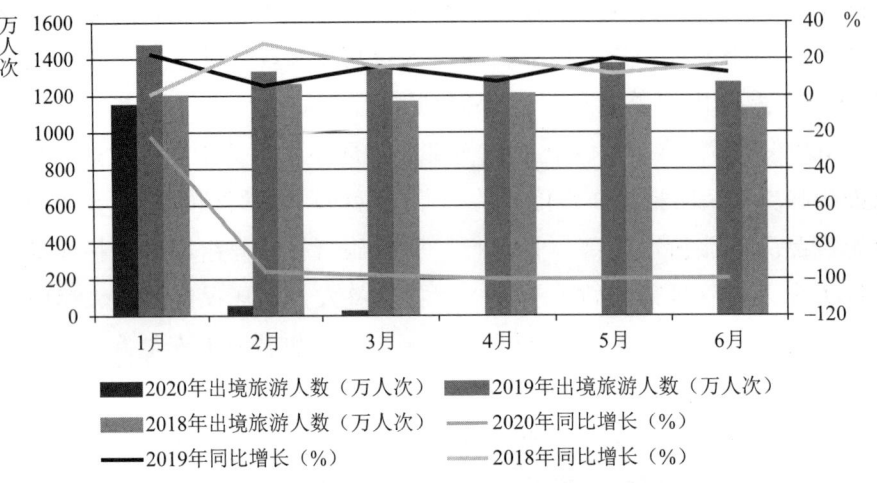

图 1-9　2018—2020 年 1—6 月份的出境旅游数据对比

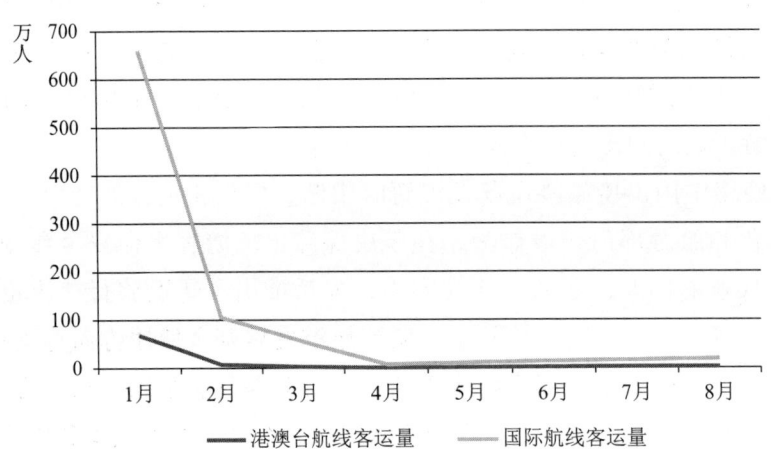

图 1-10　2020 年 1—8 月中国民航港澳台和国际航线客运量趋势图

资料来源:民航局 2020 年 1—6 月民航生产指标统计。

2020 年的上半年,在按目的地划分的出境数据中,2—6 月份的总出境人数为 446.6 万人次,其中亚洲占比为 88%,之后依次为欧洲、美洲、大洋洲、非洲和其他地区。虽然受疫情的影响,使得中国出境人数大大减少,但是

第一章 疫情突然中断了出境旅游的平稳发展
Chapter 1　The Covid-19's Impacts

我国出境的洲际分布结构所受的影响不大，亚洲依然是出境目的地的榜首（见图1-11）。

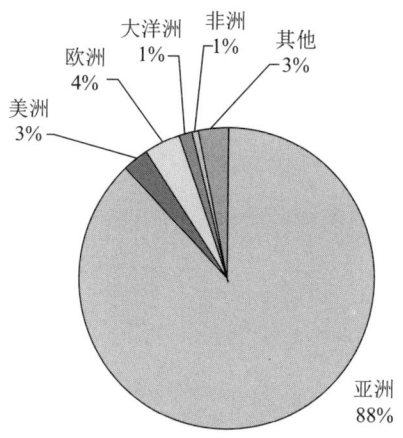

图1-11　2020年2—6月份的出境人数洲际占比

2020年的上半年我国出国旅游人数缩减至千万人次以下，前往港澳台的出境人数与出国人数的差别显著缩小（见图1-12）。

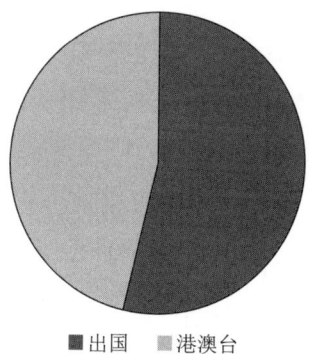

图1-12　2020年2—6月份的出国和赴港澳台人数占比

第二章
出境旅游市场的长期因素保持稳定

一、出境旅游的发展基础依然强固

出境旅游离不开经济社会发展的支撑,近年来中国经济社会的发展成果有力地推动了出境旅游市场的扩容,2019 年同样如此。当年全年国内生产总值为 99.08 万亿元,按可比价格计算,比上年增长 6.1%。如图 2-1 所示,2010—2019 年,我国国内生产总值一直保持着持续增长状态,经济平稳。

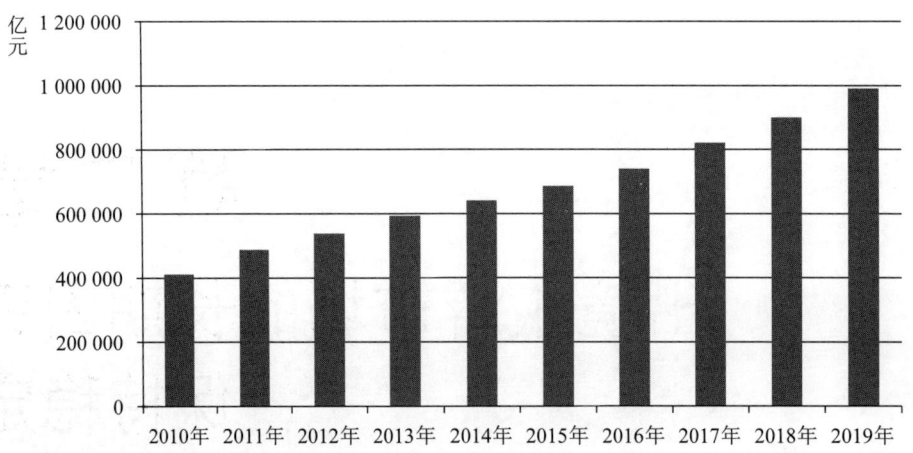

图 2-1　2010—2019 年国内生产总值分布图

资料来源:国家统计局。

值得注意的是,尽管 2020 年遭受了新冠肺炎疫情的冲击,我国国民经济依然保持了强劲的韧性和坚定的增长态势。2020 年前三季度国内生产总值 722 786 亿元,按可比价格计算,同比增长 0.7%,增速成功由负转正。在一季度 GDP 同比下降 6.8% 的情况下,二季度增速转正、同比增长 3.2%,三季度增速进一步加快至 4.9%,主要经济指标呈现向好态势。这些表明出境旅游发展的经济支撑依然强固。

人均GDP达到上万美元标志着经济社会的整体发展达到中等发达国家水平。2019年，有11个省市的人均GDP超过了1万美元，其中北京、上海和江苏的人均GDP居全国前三位（人均GDP排名前十的省市见图2-2）。2019年，我国人均GDP达10 276美元，首次突破1万美元大关。我国正由中高等收入国家向高收入国家迈进，代表着国家综合经济实力和社会财富的增加，人民有了更多可能参与出境旅游活动。

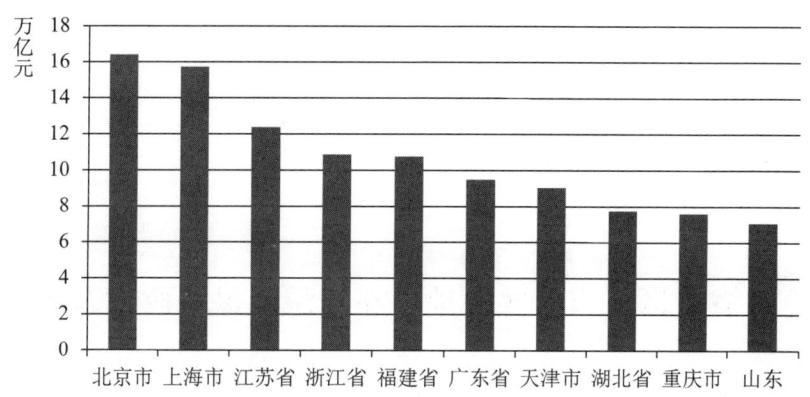

图2-2　2019年全国人均GDP排名前十的省、直辖市、自治区

资料来源：根据各地统计局资料整理。

2020年前三季度实现经济正增长的省份也达到25个。在实现正增长的省份中，22个省份经济增速跑赢全国，其中贵州、江苏、湖南等15个省份经济增速在2%及以上。

2019年全国居民人均可支配收入依然保持增长态势（见图2-3）。2019年全国居民人均可支配收入为30 733元，比上年增长8.9%，扣除价格因素，与经济增长基本同步，与人均GDP增长大体持平。全国居民人均可支配收入中位数26 523元，增长9.0%。按常住地分，城镇居民人均可支配收入42 359元，增长7.9%，扣除价格因素，实际增长5.0%。城镇居民人均可支配收入中位数39 244元，增长7.8%。农村居民人均可支配收入16 021元，比上年增长9.6%，扣除价格因素，实际增长6.2%。农村居民人均可支配收入中位数14 389元，增长10.1%。城乡居民人均收入差值6338元。城乡居民收入的倍差为2.67，比上年缩小0.02。

图 2-3　2013—2019 年人均可支配收入

资料来源：根据统计局网站资料整理。

二、各省（区、市）客源地潜在出游力保持收敛态势

从地方层面看，2019 年居民人均可支配收入排名前十位的分别是上海、北京、浙江、天津、江苏、广东、福建、辽宁、山东和内蒙古（见图 2-4）；同时 2019 年全国人均消费支出前十名分别是上海、北京、浙江、天津、广东、江苏、福建、辽宁、湖北、重庆和内蒙古（见图 2-5）。对比可支配收入和消费支出可以发现，全国人均可支配收入省份排名与全国人均消费性支出的省份排名完全一致，呈现"挣得多花得也多"的趋势。

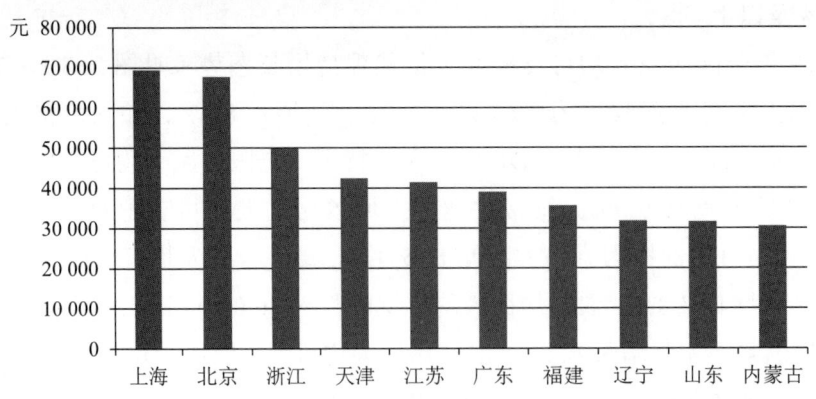

图 2-4　2019 年人均可支配收入全国前十名

资料来源：根据各地统计局资料整理。

第二章 出境旅游市场的长期因素保持稳定
Chapter 2 The Fundamentals Remain Unchanged

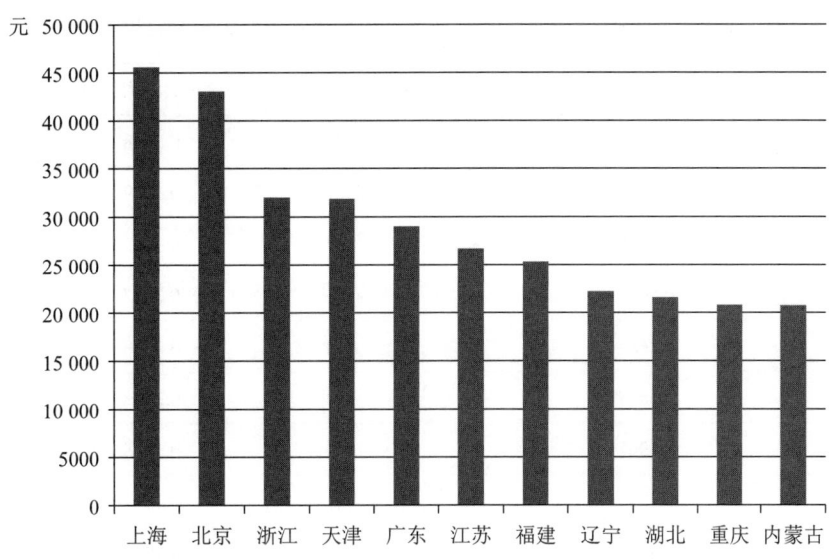

图 2-5 2019 年人均消费支出全国前十名

资料来源：根据各地统计局资料整理。

中国各省（区、市）客源地潜在出游力与人均可支配收入和人均消费支出密切相关。一般情况下，人均可支配收入和人均消费支出较高的地区，潜在出游力也相对较高。由于 2019 年，中国各省（区、市）客源地潜在出游力的区域间分布特征稳中有变：稳在"东中西"依次递减的三级阶梯状空间格局多年来一直保持相对稳定态势，变在"东中西"三大区域之间的比例差距持续缩小，由去年的"6.2∶2.5∶1.3"变为"6.0∶2.6∶1.4"，呈现出明显的收敛趋势。

考虑到新冠肺炎疫情对 2020 年的严重影响，以及国家及各省（区、市）的疫情应对措施，2020 年的客源地潜在出游力，在 2019 年客源地潜在出游力测算结果的基础上，对标疫情影响，予以宏观修正（结果见表 2-1）。

表2-1 2019年各省（区、市）客源地潜在出游力得分及排名

省（区、市）	潜在出游力得分	排名	省（区、市）	潜在出游力得分	排名
江苏	1.0000	1	天津	0.3158	17
广东	0.9463	2	黑龙江	0.3149	18
浙江	0.8967	3	山西	0.3083	19
上海	0.8679	4	内蒙古	0.3037	20
山东	0.7689	5	云南	0.2818	21
北京	0.6845	6	江西	0.2569	22
河南	0.5967	7	广西	0.2558	23
四川	0.4813	8	吉林	0.2317	24
福建	0.4457	9	贵州	0.1987	25
安徽	0.4190	10	海南	0.1925	26
湖南	0.3891	11	新疆	0.1517	27
河北	0.3725	12	甘肃	0.1233	28
陕西	0.3577	13	宁夏	0.1072	29
湖北	0.3543	14	青海	0.0383	30
辽宁	0.3511	15	西藏	0.0000	31
重庆	0.3362	16			

表2-2 近几年各省（区、市）客源地潜在出游力排名对比

省（区、市） \ 年份	2019	2018	2017	2016	2015	2014	2013	2012	2011	2010
江苏	1	3	3	4	4	4	3	3	5	5
广东	2	4	4	3	3	2	4	5	3	3
浙江	3	5	5	5	5	5	5	4	4	6
上海	4	1	1	1	2	3	2	2	1	2
山东	5	6	6	6	7	6	6	7	7	8
北京	6	2	2	2	1	1	1	1	2	1

第二章 出境旅游市场的长期因素保持稳定
Chapter 2 The Fundamentals Remain Unchanged

续表

年份 省（区、市）排名	2019	2018	2017	2016	2015	2014	2013	2012	2011	2010
河南	7	8	10	13	12	12	11	12	12	13
四川	8	12	14	15	14	15	12	14	19	10
福建	9	7	7	8	9	9	9	9	8	9
安徽	10	16	16	16	17	13	16	16	20	21
湖南	11	9	9	10	13	14	14	15	13	14
河北	12	11	12	9	11	11	13	11	10	11
陕西	13	17	17	17	15	16	15	13	15	20
湖北	14	10	11	12	10	10	10	10	11	12
辽宁	15	13	13	11	8	8	8	8	9	7
重庆	16	15	15	14	16	19	17	17	16	16
天津	17	14	8	7	6	7	7	6	6	4
黑龙江	18	22	21	18	18	18	18	19	22	15
山西	19	18	18	19	19	23	19	18	14	19
内蒙古	20	19	19	21	22	21	22	20	18	30
云南	21	21	22	24	26	26	25	27	26	22
江西	22	20	20	22	21	20	21	21	21	18
广西	23	26	25	25	24	24	24	24	24	24
吉林	24	23	23	20	20	22	20	22	17	17
贵州	25	25	26	26	29	29	30	30	29	26
海南	26	24	24	23	23	17	26	25	23	23
新疆	27	27	27	27	25	25	23	23	27	27
甘肃	28	28	28	28	28	28	28	29	30	25
宁夏	29	29	29	29	27	27	27	26	25	28
青海	30	30	30	30	30	30	29	28	28	29
西藏	31	31	31	31	31	31	31	31	31	31

区域间潜在出游力持续呈现均衡化趋势。2019年,客源地潜在出游力在东中西三大区域之间的比例大约为6.0∶2.6∶1.4,相比较长期处于"7∶2∶1"的三级阶梯状分布格局,继续呈现收敛趋势。即我国的客源市场有60%源自东部地区,26%源自中部地区,14%源自西部地区。而从发展趋势来看,东部地区累计潜在出游力所占比重由2010年的70.0%下降到2017年的60%,呈现逐年降低趋势。与此同时,中西部地区所占比重在不断升高,累计潜在出游力所占比重由2010年的30.0%提升到2020年的40%,区域之间的差距呈现出明显的收敛趋势。

四大核心经济区与其他区域之间的客源产出也更加均衡。传统经济区和新兴都市圈的出游力由2018年的51.6%下降至2019年的49.8%。传统的四个高客流产出区域：以北京为中心的环渤海都市圈、以上海为中心的长江三角洲都市圈、以广州和深圳为中心的珠江三角洲都市圈以及西南的成渝城市群,仍然是我国高客流产出区域,累计49.8%的出游力集中在上述传统经济区和新兴都市圈,但是相比较2011年的57%,已明显下降。反映了四大核心经济区与其他区域之间的客源产出也出现了收敛趋势。

从省际尺度将全国31个省（区、市）划分为5种潜在出游力类型：出游力极强地区、出游力强地区、出游力较强地区、出游力一般地区和出游力弱地区。2019年全国31个省（区、市）的潜在出游力类型分布：①出游力极强地区：江苏、广东、浙江、上海、山东、北京、河南；②出游力强地区：四川、福建、安徽、湖南、河北、陕西；③出游力较强地区：湖北、辽宁、重庆、天津、黑龙江、山西；④出游力一般地区：内蒙古、云南、江西、广西、吉林、贵州、海南；⑤出游力弱地区：新疆、甘肃、宁夏、青海、西藏。

综合对比近几年三大区域各省（区、市）潜在出游力的排名变化发现：2019年,江苏、广东、浙江赶超上海、北京,成为我国出游力极强地区的排头兵。出游力较高地区主要分布于我国东部和中部,而出游力较低地区则主要分布于我国西部地区。东部地区依然保持优势地位,但是中西部地区已出现排名交互变化现象,尤其是西部部分省（区、市）已超过中部地区的排名。

三、典型城市的出境旅游市场保持稳定

（一）北京市场

1. 出境旅游市场概况

（1）出境旅游市场微降

2019年，北京市旅行社组织公民出境旅游人数为484.5万人次，下降5.2%，较2018年0.1%的降速有所扩大。日本、泰国、韩国、法国和意大利是北京出境游的五大旅游目的地（见图2-6）。前往日本、法国和意大利的游客量较2018年幅度增长，增幅分别为16.3%、15.1%和10.5%；前往泰国的游客数量出现较大幅度的下滑，降幅达31.2%；赴韩国的游客量增长2.0%，变动幅度较小。此外，前往港澳台地区旅游人数仍呈现下降趋势，其中前往香港地区的游客为10.5万人次，下降13.0%，赴澳门地区和台湾地区游客呈现增长态势，同比分别增加6.9%和7.8%。

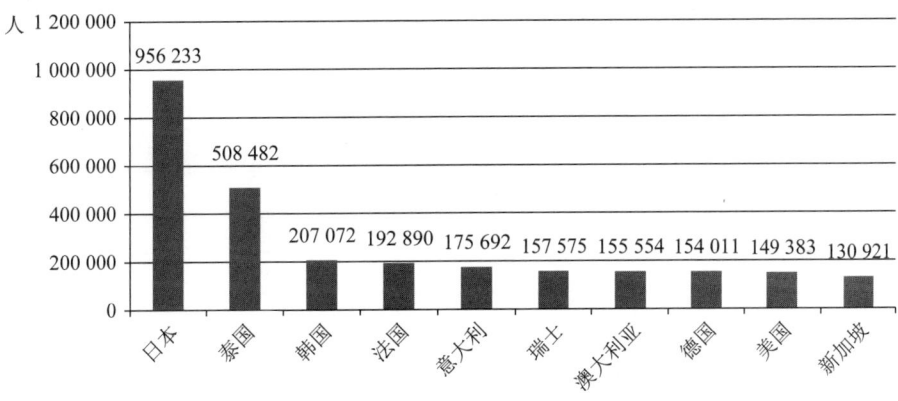

图2-6 2019年北京出境游前十位旅游目的地

资料来源：北京市文化和旅游局网站资料整理。

表2-3 2019年北京部分出境游目的地旅游人数及同比增长率

旅游目的地	游客人次（万人次）	较2018年增速
日本	95.6	+16.3%
泰国	50.8	−31.2%
韩国	20.7	+2.0%

续表

旅游目的地	游客人次（万人次）	较 2018 年增速
法国	19.3	+15.1%
意大利	17.6	+10.5%
中国香港地区	10.5	−13.0%
中国澳门地区	11.4	+6.9%
中国台湾地区	4.9	+7.8%

资料来源：北京市文化和旅游局网站资料整理。

（2）第三季度是主要的出游高峰时段

由图 2-7 可以看出，北京出境游前十位旅游目的地中，变化趋势不太相同。具体表现为：赴日本游客一、二、四季度数量差别不大，但第三季度数量骤增，与游客数最低的第一季度相比几乎增加一倍；泰国游客则在第二季度客流量达到最小值，随后持续上升至第四季度；法国、意大利、瑞士、澳大利亚、德国、美国和新加坡的游客季节分布类似，从第一季度开始游客数量逐渐上升，至第三季度达到峰值，第四季度有所回落；韩国同样在第三季度达到峰值，但第一季度至第二季度的游客数量略微回落。

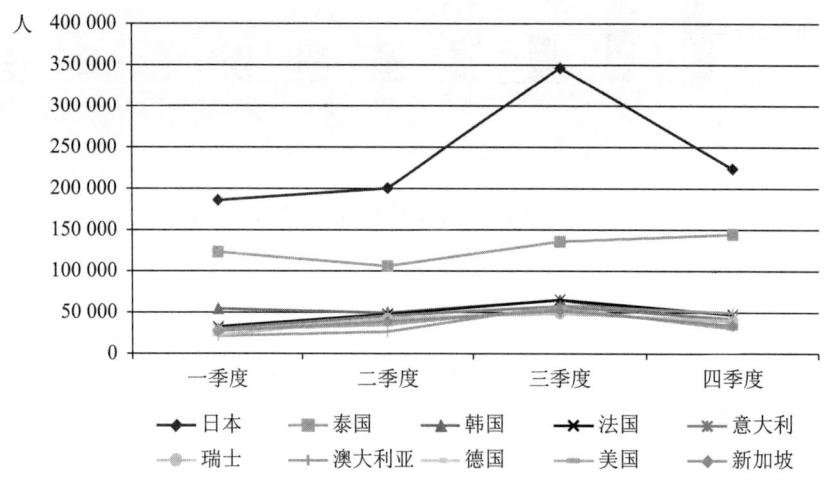

图 2-7　2019 年北京出境游前十旅游目的地四个季度游客量变化

资料来源：北京市文化和旅游局网站资料整理。

（3）出境游旅游目的地选择多元化趋势

从表2-4可以看出，2019年北京出境旅游目的地中，游客增长率最高的是澳大利亚，在15万左右的游客基数上，增长率达到了74.2%。在增长率前五的旅游目的地中，既有距离我国较近的亚洲国家新加坡，也有距离相对较远的，如奥地利、阿根廷、新西兰等地。说明北京游客的出境游目的地的选择开始从周边国家和地区逐渐扩展到更远的旅游目的地，目的地选择更加多元化。

表2-4 2019年北京出境游旅游目的地游客量增长率排名

旅游目的地	相比2018年增长率（%）	旅游人次
澳大利亚	74.2	155 554
奥地利	47.1	74 151
阿根廷	35.5	9540
新西兰	28.6	63 611
新加坡	26.8	130 921

资料来源：根据北京市文化和旅游局网站资料整理。

2. 影响因素分析

（1）较高的社会经济发展水平为居民出境游提供了经济保障

2019年北京市经济平稳健康发展，全年实现地区生产总值35 371.3亿元，按可比价格计算，比上年增长6.1%，与全国GDP增速持平。全年全市居民人均可支配收入为67 756元，比上年增长8.7%；扣除价格因素后，实际增长6.3%。2019年北京的人均GDP和居民可支配收入均位列全国第一，人均消费支出均位列全国第三位，北京居民的收入水平为出境游的发展奠定了良好的基础。

（2）新增的国际航线为游客提供了更多便利

北京首都国际机场2019年旅客吞吐量达到了10 001.36万人次，仍蝉联我国年旅客吞吐量最大的机场。2019年9月25日，定位为"大型国际枢纽机场"的北京大兴国际机场正式投入运营，目前已获批15条国际航线。截止到2019年10月27日，已开航的航线达到12条，包括中国香港、曼谷、伦敦、吉隆坡、莫斯科等多条国际航线。

（3）各境外旅游目的地加强了对北京市场的旅游产品推介

北京市场的出境游人数表现为第一季度相对较少，第二、三季度逐步上升，在第三季度达到游客量的峰值，第四季度回落。2019年北京市场在第三季度（旺季）游客量增加率大于100%的三个国家，分别是澳大利亚、德国和法国（见图2-8）。这些国家在2019年对北京市场做了大量的推介工作，而且取得了明显的效果。

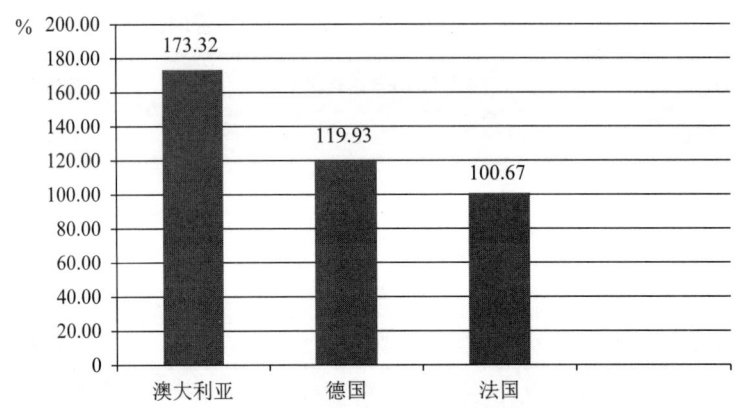

图2-8　2019年北京出境游第三季度比第一季度的增长率

资料来源：根据北京市文化和旅游局网站资料整理。

（二）成都市场

1. 出境旅游市场概况

2019年，四川省旅行社组织出境游客总人数为184.4万人，同比增长8.2%。2019年，四川省居民出境排名前十的目的地分别是出境首站国家或地区依次为：中国香港、中国澳门、泰国、越南、日本、马来西亚、柬埔寨、新加坡、菲律宾、韩国。由此可见，地缘接近的亚洲国家或地区更受到成都出境游客的青睐，而美国、澳大利亚等距离较远的目的地则排名相对靠后。

表2-5　2012—2018年四川省出境旅游人次

	2012年	2013年	2014年	2015年	2016年	2017年	2018年	2019年
出境旅游总人数（人次）	768 400	742 000	1 237 600	1 958 000	1 836 000	1 671 000	1 704 800	1 844 000
同比增长（%）	35.1	10.4	66.8	58.17	-6.2	-9.0	2.05	8.2

2.影响因素分析

（1）人均可支配收入稳定增长

2019年成都地区生产总值达17 012.65亿元，按可比价格计算，比上年增长7.8%。社会消费品零售总额达7478.4亿元，增长9.9%。

2019年成都市城镇居民人均可支配收入45 878元，同比增长8.9%，高于全省0.1个百分点；农村居民人均可支配收入24 357元，同比增长10.0%，增幅高于全国0.2个百分点。

（2）有休闲旅游习惯，出境旅游成为重要选择

长久以来，成都便拥有浓厚的休闲文化氛围与旅游出行习惯，出境旅游是居民的重要选择之一。2019年成都市旅行社组织出境旅游人数183.1万人次，占到四川省旅行社组织出境旅游人数99.3%，年增长9.8%。

（3）国际交通便捷，距离因素明显影响出境目的地选择

成都作为西部地区的"国际航空枢纽"，拥有基地公司共8家，包括国航西南、四川航空、东航四川、成都航空、西藏航空、祥鹏成都、深航成都、南航四川。国内四大航空集团均已落子成都市场。2019年，成都双流机场旅客吞吐量达到5585.85万人次，同比增长5%，在全国机场旅客吞吐量排名第4位，仅次于北京首都机场、上海浦东机场、广州白云机场，晋升全球第25位，成都"航空第四极"地位更加凸显。

2019年暑期，成都双流国际机场单日旅客吞吐量超过16万人次，峰值达到了1077架次和17万人次，刷新了成都机场暑运单日的最高纪录。截至2019年底，成都已先后开通至胡志明、伊斯坦布尔、罗马等5条国际定期直飞航线，国际（地区）航线数量已达118条，其中定期直飞航线66条，国际（地区）航线数量位列全国第四、中西部第一；直飞欧洲的定期往返客运航线已经达到了12条，实现了欧洲四大航空枢纽全覆盖，包括阿姆斯特丹、法兰克福、巴黎、布拉格、马德里、伦敦、苏黎世、莫斯科、圣彼得堡、伊尔库茨克、哥本哈根、罗马等，每周蓉欧两地航班量达到了30个左右。

（4）签证环境继续保持西南地区领先

2019年10月13日，中华人民共和国和尼泊尔发表联合声明，声明内容包括中方同意尼方在中国四川省成都市设立总领事馆。自此，在成都已经设立与正在筹建且有意向设领的外国领事机构数量达到19家，仅次于上海、广州，居全国第三，国际友城和友好合作关系城市达103个。这些设立的领事机构大部

分都可以办理领事签证业务。芬兰、奥地利、克罗地亚、立陶宛、葡萄牙、西班牙、英国、爱尔兰、澳大利亚、新西兰、南非、波兰、申根国家（比利时、丹麦、捷克、希腊、瑞典、拉脱维亚、斯洛文尼亚、马耳他）、加拿大、意大利、法国、德国、瑞士、荷兰和塞浦路斯27个国家在成都设立签证中心，较2016年增加了3个，基本覆盖了成都主要的出境目的地。成都继续保持西南地区最为便利的签证环境。

四、出境旅游的发展环境持续优化

交通保持持续改善势头。近年国内外航空公司纷纷推出了新的航班和航线，跨境交通网络不断优化。截至2019年底，与我国签署航空运输协定的国家地区达126个，共有港澳台航线111条，国际航线953条，新开国际航线104条。我国航空公司国际定期航班通航65个国家的167个城市，国内航空公司定期航班从30个内地城市通航香港，从19个内地城市通航澳门，大陆航空公司从49个大陆城市通航台湾地区[①]。

境内交通条件的大幅改善提升了客源地游客产出能力，出境旅游的市场辐射范围持续增长。截至2019年末，我国铁路营业里程达到13.9万公里，其中高铁营业里程3.5万公里以上，全国铁路路网密度136.0公里/万平方公里；公路总里程501.25万公里，公路密度52.21公里/百平方公里。2019年末共有颁证民用航空机场238个，比上年增加3个，其中定期航班通航机场237个，定期航班通航城市234个。年旅客吞吐量达到100万人次以上的通航机场有106个，比2018年增加11个，年旅客吞吐量达到1000万人次以上的有39个，比2018年增加2个[②]。

以签证环境为代表的旅游便利化持续改善，正在消解曾经的政策和心理障碍。根据外交部网站的信息，截至2020年8月，中国已与147个国家（地区）缔结适用范围不等的互免签证协定，与超过40个国家达成了简化签证手续协议。互免普通护照签证的国家有14个，分别是阿联酋、巴巴多斯、巴哈马、波黑、厄瓜多尔、斐济、格林纳达、毛里求斯、圣马力诺共和国、塞舌尔、塞尔维亚、汤加、白俄罗斯和卡塔尔。单方面允许中国公民免签入境国家或地区名

---

① 资料来源：中国民用航空局发布的《2019年民航行业发展统计公报》。
② 资料来源：中国交通运输部网站。

单有20个，分别是迪拜、卡塔尔、乌兹别克斯坦、泰国、马来西亚、印度尼西亚、韩国（济州岛等地）、摩洛哥、法属留尼汪、突尼斯、安提瓜和巴布达、海地、南乔治亚和南桑威奇群岛（英国海外领地）、圣基茨和尼维斯、特克斯和凯科斯群岛（英国海外领地）、牙买加、多米尼克、美属北马里亚纳群岛（塞班岛等）、萨摩亚和法属波利尼西亚。单方面允许中国公民办理落地签证国家和地区名单有43个，包括阿塞拜疆、巴林、东帝汶、印度尼西亚、老挝、黎巴嫩、马尔代夫、缅甸、尼泊尔、斯里兰卡、泰国、土库曼斯坦、文莱、伊朗、亚美尼亚、约旦、越南、柬埔寨、孟加拉国、埃及、多哥、佛得角、加蓬、几内亚比绍、科摩罗、科特迪瓦、卢旺达、马达加斯加、马拉维、毛里塔尼亚、圣多美和普林西比、坦桑尼亚、乌干达、贝宁、津巴布韦、玻利维亚、圭亚那、苏里南、圣赫勒拿（英国海外领地）、帕劳、图瓦卢、瓦努阿图和巴布亚新几内亚。

表2-6　2019年生效的互免签证列表

序号	协议国	互免签证的证件类别	生效日期
1	阿尔及利亚	外交、公务护照	2019.03.13
2	巴布亚新几内亚	中方外交、公务、公务普通护照；巴方外交、公务护照	2019.05.02
3	南苏丹	中方外交、公务、公务普通护照；南方外交、特别护照	2019.12.21

资料来源：外交部网站资料整理。

为了吸引更多的中国游客，2020年很多国家应对疫情旅游业危机进一步放宽对中国居民的签证，简化签证手续，缩短办理时间，各国签证政策的变化频次明显提高。很多热门旅游目的地对中国开放免签或落地签，例如马来西亚于2020年1月1日起的一年内，对中国游客将享有免签证入境的便利，逗留期最长为15天，中国游客只需在相关移民局电子系统内登记注册，并持有往返本国或去往第三国机票及足够的资金即可成行。泰国延长落地签免费政策，从原本2019年11月1日应该结束的政策，延长至2020年4月30日。巴西即将实行免签。土耳其现可多次入境。土耳其电子签从之前的半年内单次入境，升级为180天内多次入境，单次最高停留30天。乌兹别克斯坦正式免签。从2020年1月1日起，乌兹别克斯坦将对中国游客实行短期旅游免签政策，中国游客可在乌境内免签停留不超过7天。在2020年，沙特阿拉伯和阿联酋将推出"联合签证"，游客只要有两国中其中一国的旅游签证，就可以方便地进入另一个国家。

表 2-7　2019 年和 2020 年第二季度部分签证便利情况

国家（地区）	签证政策	备注
缅甸	对来缅旅游的中国香港和澳门的持有普通护照的居民执行免签，对中国大陆的游客实施落地签，签证费定为 50 美元。	2018 年 10 月 1 日至 2019 年 9 月 30 日
日本	实施针对中国学生或在过去 3 年多次赴日的中国游客进一步放宽签证的政策。之前针对中国教育部直属高校（75 所）的在校本科生、研究生以及毕业三年以内的往届生，在申请单次签证时，实施简化申请手续，将对象高校扩大到 1243 所高校；过去 3 年内以个人旅游签证赴日两次以上的中国游客，今后申请多次往返签证时的手续也将简化。日本驻华大使馆可以受理在留资格的日本人配偶的签证申请和同伴签证申请（在华的日本人配偶签证），出签证时间不固定有可能延长受理时间。2020 年受新冠疫情影响，暂停受理 3—6 月护照旅行证的申请，截止到 5 月中国仍在日本入境限制政策内，持中国湖北省、浙江省签发护照者原则上无法入境日本。	2019 年 1 月 1 日起
乌克兰	停止在乌克兰边境通行口岸（鲍里斯波尔机场、茹良尼机场和敖德萨机场）办理落地签证，实现向电子签证的完全过渡。	2019 年 1 月 1 日起
智利 & 阿根廷	中国公民只需向其中一国申请旅游签证，便可赴两国旅游。智利和阿根廷将对中国公民签发带有"阿智旅游"标签的旅游签证。持有此签证的中国公民必须首先进入签发国，然后可于 90 天内在智利与阿根廷之间多次出入境。阿根廷对华推出有条件直接电子签证，凡持美国或欧盟有效签证的中国游客可免签进入阿根廷，仅须支付 50 美元办理旅游授权文件。	2019 年 1 月起
南非	中国游客途经南非约翰内斯堡的奥坦博国际机场、开普敦国际机场、德班的沙卡王国际机场和约翰内斯堡的拉塞利亚国际机场前往其 6 个邻国（津巴布韦、纳米比亚、莱索托、博茨瓦纳、斯威士兰及莫桑比克）不再需要过境签证。	2019 年 1 月 4 日起
英国	英国向中国公民颁发两年多次往返访问的旅行签证，中国公民每年在英累计可停留 180 天，但这项签证不适用团队旅游。	2019 年 1 月 11 日起
韩国	韩国政府拟订扩大五年多次签证的签发对象，年龄 17 岁以下，55 岁以上以及本科在读大学生等中国公民可申请该签证，最长停留期将从 30 天延长至 90 天。并针对专门从业人员或高学历者，首次签发 10 年有效签证期，10 年之内自由往返韩国。目前韩国在北京、上海、广州、成都、沈阳使领馆及签证中心已开放，自 2002 年 7 月 1 日起，韩国驻华使领馆将全面停发贴纸签证，改发电子签证。已签发的贴纸签证仍然有效。申请签证的所有外国人须在申请日之前 48 小时内接受医疗机构实施的检查，并提交记录相关检查内容的诊断书。2020 年受新冠疫情影响，自 4 月 1 日起，所有入境韩国人员均需居家隔离 14 天。如在韩无住所，需集中隔离观察，且费用自理。6 月 1 日起中国驻韩国大使馆实行全面预约制办理证件，同时需出示 48 小时内英文或韩文健康诊断书。5 月 31 日前离境持登录证人员再入境时无须出示再入境许可和健康诊断书。	2019 年 1 月 28 日起

第二章　出境旅游市场的长期因素保持稳定
Chapter 2　The Fundamentals Remain Unchanged

续表

国家（地区）	签证政策	备注
荷兰	荷兰签证有效期将放宽至5年，为了方便中国游客申请，把可办理的城市扩大至15个。同时5年内多次旅行法国、德国、奥地利等申根国家不用另外再办签证，但入境国要是荷兰。	2019年4月11日起
文莱	中国公民持因私护照去文莱旅游可在包括文莱国际机场在内的所有入境口岸办理落地签证，停留期14天，无须提前通过旅行社申请，也无须提供担保人。上述政策只适用游客，不适用工作、商务和就业等入境目的。游客需提前订妥酒店及联程机票，以便办理落地签时备查。（注释：超过14天须提前申办签证。）	2019年5月1日起
摩洛哥	正式实施中国公民赴摩洛哥免签的政策，中国公民可持护照免签进入摩洛哥境内，最长停留期不超过90天。	2019年6月1日起
厄瓜多尔	对持有效的中国普通护照的公民，以旅游及相关活动为目的、或从事其他非营利活动，在厄瓜多尔入境、出境或者过境，自首次入境之日起至最终离境之日止，一年内累计停留不超过90日，免办签证。	2019年8月18日
汤加	两国公民持有效护照在对方国家入境、出境及过境可免办签证；免签停留期限为30天。	2019年8月19日
秘鲁	中国护照所有者持有效期六个月以上的美国、加拿大、英国及北爱尔兰、澳大利亚或申根签证，或在这些国家和地区长期居留，可免签进入秘鲁进行旅游或商务活动，有效期180天。	2019年9月21日
意大利	北京、上海、广州的意大利签证中心恢复营业，营业办理时间为每周一、三、五上午9:00至12:00，周二、周四关闭。如需办理，须先通过签证中心官方网站进行在线预约，目前不接受无预约申请。	2020年6月3日
西班牙	西班牙北京签证中心已开放，上午9:00至12:00办理；申请者须提前在线预约且要求于预约当天早些时间递交申请；未预约者不予受理。	2020年6月
法国	北京、上海、广州、成都、沈阳和武汉法国签证受理中心将于每周一和周三对外开放，周二、周四和周五仍保持关闭状态。	2020年6月22日起
加拿大	加拿大使领馆及签证中心已开放城市：北京、上海、广州、济南、沈阳、成都、昆明、杭州、南京、重庆。目前加拿大留学签证中心办公时间为周一至周五上午9:00至12:00，取签时间为9:00至10:30。	2020年6月
新加坡	新加坡6月11日起开放EP（高端人才工作签）和SP（技术准证）的申请。自6月8日起为有需要的商务和公务人员，开通往返新加坡以及上海、天津、重庆、江苏、浙江和广东这六个省市的"快捷通道"。中新双方申请人员需要通过对方负责接待的企业和政府机构提出申请，经主管部门审批同意后才可以按规定开始申请签证。	2020年6月11日

27

续表

国家（地区）	签证政策	备注
希腊	希腊北京签证中心上午 9:00 至 12:00 运营；申请者必须提前在线预约，同行程不得超过 5 人；未预约者不予受理。	2020 年 6 月
挪威	挪威签证申请中心将继续在北京、沈阳、成都、昆明、长沙、广州、上海、杭州和重庆运营，并限制 D 类签证申请和护照回传服务的开放时间。	2020 年 6 月

资料来源：根据相关网站资料整理。

支付便利也有不小进展，以中国银联为例，通过与全球 24 000 多家机构合作，目前银联卡受理网络已延伸至 179 个国家和地区，63 个国家和地区发行了银联卡，累计发行超过 84.2 亿张银联卡。以此为基础，顺应中国游客支付习惯的改变，银联国际加快建设手机闪付、二维码支付等一系列移动支付产品的境外受理场景。"云闪付"用户已可在境外 40 个国家和地区，超过 70 万家商户享受安全、便利的银联移动支付服务。与此同时，第三方支付平台的全球化力度也在明显加大[①]。

表 2-8 获得跨境支付许可的企业

序号	公司名称	范围	地区
1	汇付天下	货物贸易、留学教育、航空机票及酒店住宿	上海
2	通联	货物贸易、留学教育、航空机票及酒店住宿	上海
3	银联电子支付	货物贸易、留学教育、航空机票及酒店住宿	上海
4	东方电子支付	货物贸易、留学教育、航空机票及酒店住宿	上海
5	快钱	货物贸易、留学教育、航空机票及酒店住宿	上海
6	盛付通	货物贸易、留学教育、航空机票及酒店住宿	上海
7	环迅支付	货物贸易、留学教育、航空机票及酒店住宿	上海
8	富友支付	货物贸易、留学教育、航空机票及酒店住宿	上海
9	财付通	货物贸易、留学教育、航空机票及酒店住宿	深圳
10	易极付	货物贸易、留学教育、航空机票及酒店住宿	重庆

---

① 资料来源：国家外汇管理局官网。

续表

序号	公司名称	范围	地区
11	钱宝科技	货物贸易、留学教育、航空机票及酒店住宿	深圳
12	支付宝	货物贸易、留学教育、航空机票及酒店住宿	杭州
13	贝付科技	货物贸易及留学教育	杭州
14	易宝支付	货物贸易、留学教育、航空机票、酒店住宿、国际运输、旅游服务、国际展览	北京
15	通融通（易宝支付）	货物贸易、留学教育、航空机票、酒店住宿、国际运输、旅游服务、国际展览	北京
16	钱贷宝	货物贸易、留学教育、航空机票及酒店住宿	北京
17	银盈通	货物贸易、航空机票及酒店住宿	北京
18	爱农驿站	货物贸易、留学教育、航空机票、酒店住宿、国际运输、旅游服务、国际会议、国际展览、软件服务	北京
19	首信易支付	货物贸易、留学教育、航空机票、酒店住宿、软件服务	北京
20	北京银联商务	货物贸易、留学教育及酒店住宿	北京
21	网银在线	货物贸易、留学教育、航空机票、酒店住宿	北京
22	拉卡拉	货物贸易、留学教育、航空机票、酒店住宿、旅游服务、国际展览	北京
23	资和信	货物贸易、留学教育、航空机票及酒店住宿	北京
24	联动优势	货物贸易、留学教育、航空机票、酒店住宿、旅游服务、通信服务、国际运输及软件服务	北京
25	微信	货物贸易、留学教育、航空机票、酒店住宿、旅游服务	深圳
26	连连支付	货物贸易、留学教育、航空机票、酒店住宿及旅游服务	杭州
27	易付宝	货物贸易、留学教育、航空机票及酒店住宿	江苏
28	海南新生	货物贸易、留学教育、航空机票、酒店住宿、国际贸易物流、旅游服务、国际会议会展	海南
29	魔宝支付	货物贸易	四川
30	网易宝	货物贸易、留学教育、航空机票以及酒店住宿	杭州

资料来源：根据相关网站资料整理。

日本商户争相接入支付宝，从2018年近5万家商户到2019年初超过30万户,一年内支付宝覆盖日本全境,为中国游客提供便捷的消费结算服务。2019年6月微信支付在日本交易笔数同比增长108%。中国游客从落地日本开始,无论是出行、观光、餐饮还是购物,都能够满足中国游客微信支付的便捷需求。2019年,微信跨境支付已在超过60个境外国家和地区合规接入,支持16种货币的跨境支付交易。

2019年,签证申请流程更加便捷,进一步减少了中国公民出境旅游的障碍。为了吸引更多的中国游客,2019年,澳大利亚、新西兰、柬埔寨、韩国、新加坡、阿联酋、斯里兰卡、印度、马来西亚、土耳其、缅甸、肯尼亚、瓦鲁阿图、科特迪瓦、卡塔尔、索马里、塞内加尔、摩尔多瓦、格鲁吉亚、阿塞拜疆、赞比亚、马达加斯加、乌克兰、哈萨克斯坦、日本、老挝和俄罗斯等国家进一步放宽对中国居民的签证,采取诸如简化签证手续,实行电子签证,缩短办理时间等签证便利化方式,各国签证政策的变化频次明显提高。

境外各旅游目的地和旅游企业为在争夺中国出境游客竞争中获取更多优势,持续在挖掘中国游客的兴趣爱好和旅游需要上发力,为中国游客量身打造贴心的"欢迎中国"服务。

目的地的竞争,通过中国出境游客满意度来体现。2019年,目的地依然出现了更激烈的满意度竞争,这种竞争在疫后会表现得更加明显。

第三章

疫情下的出境目的地和市场主体的努力

一、出境目的地应对疫情采取的主要措施

随着新冠肺炎疫情的蔓延，主要出境目的地一方面采取关闭边境、切断交通等方式防控疫情影响，一方面在对扶持和帮助包括以中国市场为主要目标的旅游企业的同时，坚持开展各种形式的联系和推广，力图在未来的中国市场竞争中保持更优势地位。虽然目前以中国为客源地的出境旅游活动暂时失去了开展的基本条件，但是出境目的地也在用行动表明对中国出境旅游市场的信心，力求为未来的中国游客到来做好准备。

（一）控制疫情的主要措施

目前境外疫情防控形势向好的地区在防控手段上都较为严厉，对外主要采取限制入境措施，严防境外输入，内部控制流通，避免疫情传播。同时采取病毒溯源检查、强制隔离检查、增强核酸病毒检测能力、强化医疗设备设施配给、保障一线医疗设备供应、要求佩戴口罩和禁止聚集等措施。在采取疫情防控措施过程中，也随形势在变动。这些防控疫情的措施客观上对中国出境游客的到访造成了阻碍。

表3-1 部分出境目的地的疫情防控措施

国家或地区	疫情防控手段	与之相关的入境航班和签证政策
中国香港	防控策略是"政府对境外输入的筛查管控"+"境内居民和社会各界的自觉自肃"。政府采取健康及检疫资讯申报制度、限制入境和强制检疫手段。	停止非香港居民的转机服务、减少通关口岸、针对入境人士进行强制性的相关检测核查。对入境香港前14天内在中国内地停留的人员将执行无条件14天隔离。除经批准的公务商务豁免人员、跨境司机、跨境学生以及符合粤港澳三地隔离互认政策的人员外，其他人员经深圳湾口岸和港珠澳大桥入境广东时，必须持有香港特区政府认可的医疗机构发出的24小时内有效的核酸检测阴性结果证明，而入境后仍须接受14天强制检疫。

续表

国家或地区	疫情防控手段	与之相关的入境航班和签证政策
中国澳门	严重时期禁止入境，缓和时期限制入境、入境隔离，严防境外疫情输入，核酸检测。	以下为截止到2020年10月14日澳门的入境政策 外国旅客：禁止入境。 中国内地、香港、台湾旅客： ・入境前14天内曾经到过外国，禁止入境； ・入境前14天内曾经到过香港，须持有24小时内进行的新型冠状病毒核酸检测阴性证明，入境后要接受14天指定地点的医学观察； ・入境前14天内曾经到过台湾，须持有7日内新型冠状病毒核酸检测阴性证明，入境后要接受14天指定地点的医学观察。 ・入境前14天内曾经到过中国内地，须持有7天内新型冠状病毒核酸测试阴性结果证明或采样证明入境；而曾经到过山东省青岛市的人士，需接受14天指定地点的医学观察。
日本	主要采取边境检疫的方式以将病毒"隔绝在境外"。 2020年4月8日，日本才宣布疫情严重的地区进入紧急状态，但不封城，"居民的生活不会受到影响"。 采取成熟的"分诊制"。	10月起，日本政府放宽了部分持中长期滞留签证人员入国的相关政策。入境者除需提供健康检查证明外，还需在入境日本后进行为期2周的隔离。
韩国	提高境外输入人员的管控，提升检测效率。 改变与民众沟通方式，利用短信等互联网手段，每天两次发送最新疫情动态，提醒大家提高重视度，注意个人防范；对有确诊病例区域的民众通报确诊患者基本信息，提醒大家注意防范；不断宣传注意卫生的重要性；实行健康信息管理，利用手机软件，及时有效地管理人群，提高了疫情防控的精准性。	2020年2月4日起，全面禁止14天内访问过湖北省的外国人入境韩国，并对护照签发地为湖北的人员采取限制入境措施；随后韩国又宣布，韩国驻武汉总领事馆2月4日以后签发的签证暂时失效，持相应签证者不得入境。 8月10日起，解除对中国湖北省采取的限制入境及签证措施。 目前持短期或长期的旅游签证人士无法入境，目前可受理签证类型为：韩国短期商务签证、韩国留学签证。此外，申请韩国签证的所有外国人依然需要在申请日之前48小时内接受医疗机构实施的检查，并提交记录相关检查内容的诊断书。入境后需要做核酸检测并隔离14天。
泰国	坚决执行"早发现，早隔离"。 泰国启用《紧急状态法》，4月初又实行了"封城""宵禁"等防疫措施。随着疫情形势趋于稳定，泰国自2020年5月3日起逐步解封。 9月28日泰国第六次延长《紧急状态法》时间至10月底。	从4月开始禁止旅客入境。 泰国从10月份开始推出特别旅游签证，该签证是旨在针对除泰国籍之外的其他外籍游客入境的签证类别：单次签证办理允许在泰国停留90天，可以再次办理两次90天延期签证，一次入境泰国最长可以在泰国境内旅游270天。 泰国政府计划自10月1日起，以普吉岛为试点，允许国际游客入境（入境者需先在岛上指定度假村隔离14天，并接受两次病毒检测；若前往该国其他地方，需要在有关地点另外隔离7天，接受第3次病毒检测）。

续表

国家或地区	疫情防控手段	与之相关的入境航班和签证政策
柬埔寨	采取严格的社会管理措施，关闭所有学校，取消所有节庆活动，启动《国家紧急状态法》；加强出入境检查，关闭边境口岸。	4月16日，柬埔寨外交部通报，柬政府决定于即日起将现有对外国公民入境限制措施延期，直至柬卫生部和世卫组织商议宣布新冠肺炎疫情结束为止。有关限制措施如下： 一、继续禁止来自美国、法国、德国、意大利、西班牙、伊朗等六国的外国公民入境。 二、继续暂停对所有外国公民免签政策，暂停签发旅游签证、电子签证和落地签证。入境柬埔寨的外国公民须提到柬驻在国使领馆申办签证，并出示所在国卫生部门72小时内开设的确认其未感染新冠肺炎的健康证明，在柬停留期间须持有5万美元以上保额且适用范围包含柬的医疗保险。 三、任何外国公民获准入境柬埔寨前，均将接受健康风险评估和检测，并保证接受柬卫生部指定的强制隔离、检测及其他任何防控疫情举措。 四、有关出示健康证明和医疗保险的要求不适用于持有外交、公务签证的外国公民。 所有入境人员必须出示72小时内核酸检测阴性医学报告，并且入境后必须接受核酸检测。
菲律宾	采取旅行限制和边境管制措施。努力提高实验室检测能力、设置社区隔离点、加快建设方舱医院、追踪密切接触者。	除了菲律宾公民的配偶和子女外，停止所有外国人入境菲律宾，直到另行通知。以上人员入境后需要隔离14天。禁止所有和菲律宾互免签证国家免签待遇。
意大利	加强疫情防控紧急状态延至2021年初。全国范围内所有公共场所佩戴口罩，不遵守者罚款。增加边境预防性筛查国家数量。全国学校停课；增加重症监护床位，增强医护力量。	采取严厉的边境防控政策，关闭边界。
俄罗斯	严守边境以防止境外疫情输入，采用一刀切的全面禁止外国公民入境政策；加强内部管控，主要是通过减少人际接触在物理空间上切断病毒的传染途径；立足相关治疗药物的研发工作；着力保障疫情期间的粮食供应和国家经济。	中国疫情发生后，俄罗斯关闭了与中国接壤的远东边境，欧洲疫情暴发后俄罗斯宣布从2020年3月18日起禁止外国公民入境。所有预抵达俄罗斯联邦的外国公民，必须持有抵达俄罗斯前三日内所做的Covid-19核算检测证明。

续表

国家或地区	疫情防控手段	与之相关的入境航班和签证政策
英国	关闭餐馆、酒吧、电影院、健身房等营业场所,中小学也陆续停课。政府要求所有民众尽量留在家里,避免非必要外出。 疫情缓解时,放松疫情防控措施,但出现"近距离接触"的场所仍不能营业。 第二波疫情开始时,实施三级预警系统。中等风险水平的酒吧将维持现行的全国性限制,高风险地区将禁止家庭在室内聚会,而三级的极高风险地区的酒吧将受到更严厉的限制,包括关闭酒吧。	采取强制自我隔离政策,6月8日起,所有入境英国的旅客将必须自我隔离两周。来自英国"旅行走廊"名单上国家的旅行者在抵达英国后无须自我隔离14天。该名单包括40个国家、地域和地区。任何来自不在"旅行走廊"名单上的国家的入境者,或者在这些国家中途停留的旅客,都必须在指定的地址自我隔离14天,否则会收到1000英镑(1810澳元)的罚款。该名单不断接受审核,如果疫情恶化,可重新关闭边境或要求自我隔离。
法国	3月24日进入卫生紧急状态。在卫生紧急状态下,政府可限或禁止民众出行、采取隔离措施、限制集会活动、下令临时关闭企业和机构等。 5月将卫生紧急状态延长至7月24日。6月22日,在除海外省法属圭亚那外的地区进一步实施疫情防控解禁措施,中小学和幼儿园全面复课,电影院、旅游度假地等开始向公众开放。 10月14日起,在法国的九个疫情最高警报地区实施宵禁。酒吧和咖啡馆等场所暂停营业。	只允许16个高风险国家的法国公民或长期在法居住人员入境法国,且须在登机前72小时内进行病毒核酸检测,并在登机时提供阴性证明。若无法提供,将在抵达法国机场时接受检测,一旦检测结果呈阳性,则必须接受隔离。
美国	发布《新冠疫情应对法案》,发布三级旅行建议;设ICU病房,改建联邦野地医院。 各州先后下命令居家避疫;实行"禁足令";采取关闭中小学;商家暂停营业等措施。	1月31日,暂时禁止曾到中国访问的外国人入境。3月18日,暂停全球多数国家所有的常规移民和非移民的签证服务。 目前,对外仍限制入境。根据美国驻华使领馆近日的通知,10月19日至10月30日的所有美签面试预约被全部取消。
加拿大	3月,加拿大各地宣布紧急状态,学校、餐厅、商场、公园关闭,所有人被要求待在家中。避免所有不必要的出国旅行。暂停游轮旅行季节一直到7月,进一步加强机场、入境口岸的筛查措施。关闭与美国共同边界,禁止不必要的旅行。	2020年3月18日关闭边境至6月30日。此后旅行限制逐月延期,继续禁止大部分外国人入境加拿大。9月,加拿大再一次延长国际旅客的入境限制至10月31日,禁止非必要的旅行。

续表

国家或地区	疫情防控手段	与之相关的入境航班和签证政策
澳大利亚	疫情暴发初期，采取了限制航空措施。要求所有人都待在家里，同时对任何疑似患者进行了病毒检测，并对所有密切接触者进行了跟踪。对导致疫情扩散的责任人实施罚款和刑事调查。强制要求佩戴口罩。	2月1日起，来自中国大陆任何地区的所有旅客，无论国籍，都将接受更加严格的边境管理措施，禁止中国大陆出发或中转的旅客入境（本国公民及特别人群除外）。 2020年3月，澳大利亚要求所有人入境澳洲后全部要求自我隔离14天，无论来自哪里。 9月初第一批留学生可以入境，这批学生包括来自中国香港、中国大陆和日本的学生。

资料来源：相关官方发布收集整理。

（二）出境目的地普遍采取措施保护和扶持旅游企业

疫情使目的地旅游业遭受了巨大冲击，为了保持旅游业元气，目的地纷纷采取减税、财政补贴、提供专项资金、推进劳动力再培训、协助线上促销等手段为旅游业提供支持。这些措施既是应急之举，也为未来的目的地吸引中国出境游客提供了有利条件。

如澳门特区政府根据新冠肺炎疫情变化，从2020年4月起有序推出"百亿抗疫援助经济措施"。其中预留约32亿元的款项，用作吸引旅客来澳的专项资金。日本向包括旅游企业在内的中小企业法人提供持续化给付金用于企业的继续经营和再开，日本商工会议所、观光厅、以旅游业为支柱产业的各地还相继向酒店业、餐饮业中小企业给予支援，提供各种类型的补助金，开展"GoToTravel"活动，以提供补贴的方式鼓励民众去往日本国内各地旅游。韩国主要通过补贴、减税、提供免息或低息贷款等政策帮助旅游企业渡过难关。采取额外拨款和增加旅游基金融资规模等方式对旅游业提供定向扶持，并鼓励民众安全秋游。泰国采取降低税率、延长贷款偿还时间、降低机场使用的手续费、对相关行业的从业人员降低利息等措施对旅游业提供帮助，通过统一的宣传渠道向外界转播泰国防疫的实情以树立游客对泰国旅游业的信心。实施通过政府补贴的方式鼓励本国民众进行国内跨府旅游的"泰人游泰"计划。越南对中小型旅游企业、寄宿家庭主人、因受疫情影响而失业的劳动者制定支持政策等解困措施，同时注意集中激发越南境内的旅游需求，并推动旅游业加大对"安全与魅力的越南"形象的宣传和推介力度。意大利通过减免税收、租金等措施，帮助餐馆、酒店、旅行社应对疫情冲击。意大利年收入在 4 万欧元以下的家庭，根据家庭成员数量可获得最多 500 欧元的"度假补贴"。

德国拨款帮助企业支付员工工资，缓解包括旅游业在内的中小企业的运营困境。被暂停劳动合同的工人将得到 800 欧元的补偿，同时政府将为他们提供社会保险和健康保险。德国将疫情视做进一步提升服务和旅游质量的契机，鼓励旅游企业翻新设施和设备、培训员工、制订明年的市场计划等。英国为旅游业中小企业提供专项资金支持，可以申请"商业中断贷款计划"，提供最高 500 万英镑的贷款，且前六个月免息。法国拨款 20 亿欧元用于为包括餐饮公司或旅游部门在内的年营业额不足 100 万欧元的小企业提供"团结基金"。符合要求的旅游业中小企业或个体经营者均可申请人均 1500 欧元的补助，对于受疫情影响严重的零售、餐饮等企业视情免除电费、煤气费及房租等。

澳大利亚政府出台了 7600 万澳元的重建澳大利亚旅游业援助计划。通过品牌宣传活动重建信任和信誉，宣传澳大利亚的旅游形象。以品牌宣传活动致力于消除全球误解和重建游客对于澳大利亚的信心，提醒世界澳大利亚仍然是一个与众不同的地方。开展"Holiday Here This Year"活动，通过与 Facebook 等社交媒体联动，鼓励澳大利亚人开展短途周末旅行和州际旅行。

二、心动 + 行动：出境目的地对中国出境旅游市场的期望和作为

出境目的地普遍对中国出境市场的前景看好，并在积极为市场的复苏做准备，希望能在未来的中国出境旅游市场中占据有利地位。

以澳门为例，9 月份澳门疫情已基本稳定，内地居民赴澳门旅游签注也于 8 月底开始逐步恢复，内地其余省市则将于 9 月 23 日起开始恢复。澳门特区政府顺势推出"扩客源兴经济保就业"等多个扩展客源计划，吸引内地游客来澳门旅游，并启动多项扩展客源计划，包括分阶段通过电商平台向内地游客发放交通、住宿及消费优惠等。澳门不少商户也推出自有的优惠活动，吸引内地旅客。当前每日出入境澳门和内地的旅客人数，较疫情暴发初期已经明显增加。

泰国从 2020 年 10 月开始推出特别旅游签证（STV），单次签证办理允许在泰国停留 90 天，且可以再次办理两次 90 天延期签证，一次入境泰国最长可以在泰国境内旅游 270 天。2020 年 10 月 20 日，泰国政府批准的首批 41 位中国

游客持特别旅游签证（STV）从中国上海抵达泰国曼谷。日本也计划在适当时间取消对来日旅游意向明显、消费能力强的主要客源地的旅行禁令，包括中国在内。

斐济推出了酒店早鸟预售推广活动。预售产品的价格为正常时期价格的3至7折，为对冲疫情带来的不确定性，可预订的有效期通常为一年，并且未使用随时可以退全款。

三、保护游客＋保存元气＋保育未来：出境市场主体的积极作为

疫情下，中国出境旅游企业反应迅速，在保障游客生命和健康安全，维护游客权益的同时积极自救，谋划和准备未来。疫情暴发初期，第一时间启动安全保障机制，暂停业务经营，全力抗疫。推出免费退改、升级重大灾害保险等措施，全力保障旅客的安全。分布在世界各地，带团出境的领队、导游尽己所能在境外采购防疫物资，并采取自行托运或通过航空公司等方式，将境外生产、符合医用标准的疫情防护用品带回境内，再通过快递转运至武汉等地医院和其他防控疫情需要的地方，缓解了当时防疫物资不足的问题。

同时，出境市场主体尽力缩减成本费用支出，努力争取活下来。在复工复产阶段，积极修炼内功，培训员工，对各类业务的服务标准进行优化和升级。不仅力求维护好与目的地和资源方关系，通过直播、线上业务探讨、产品预售等形式保持竞争力。同时积极布局新兴业务市场，探索新的经营模式。一些市场主体尝试转战国内旅游市场，聚焦有潜力的业务模块。

大型旅游集团、以出境旅行社和OTA为代表的旅行服务业、出境旅游产业生态圈的投资商、资源商、供应商、分销商、代理商和合作伙伴，积极转型，探索疫后旅游业的新常态，开展了大量卓有成效的自救措施和互助行动。这些行动既包括资本和市场层面的举措，也包括广受行业和社会关注的直播带货。可以看到，有的出境旅行社"在线"发力，瞄准网红经济新风口，推出线上商城，直播带货。有的借力海南自贸港，布局旅游合作项目。有的积极研究游客心智模式的变化，积极开发产品，强化培训员工，希望推出更有竞争力的出境旅游产品。

表 3-2 部分出境市场主体的抗疫举措

市场主体	疫情暴发初期	复工复产阶段至今
中国国旅	暂停业务，进行订单退订和安全保障工作；捐献物资，投身抗疫一线。	做好员工培训工作，提升企业自身战斗力；推进产品研发、渠道拓展，制订配套资源采购计划，对各类业务的服务标准进行优化和升级，布局新兴业务市场。
携程	推出免费退改政策；上线"安心取消保障"计划，升级重大灾害保障金至2亿。	发布"门店关怀计划"，携程大学，进行线上学习培训；推出景区线上导览免费听专区"听游世界"；推出"中国旅游复兴V计划"；梁建章战疫项目"BOSS直播"。在跨省游消息确认后，上线约12万条产品。随着国内疫情的好转，抓住暑期、元旦、国庆等流量高峰，推出一系列时令促销活动（"旅游会员日"大促活动），推出数万款国庆旅游产品，国内的业务线开始实现不同程度的恢复。
马蜂窝	退订，升级五轮"平安春节"疫情保障机制；上线"确诊患者同行程查询工具"，保障游客人身安全；攻略汇总，疫情相关信息及时报；联合发起倡议，呼吁境内外同行共同协作，帮助中国游客减少损失。	"云旅游"直播；马蜂窝大学"云课堂"；"暖春计划"预售活动；开发"北极星旅游大数据服务系统"。逐渐恢复经营跨省（区、市）团队游及"机票+酒店"业务。"十一"出行推出大规模促销活动。设有"早鸟价"专区。
途牛	退订，升级新型肺炎保障措施，保障游客及一线工作人员的安全；途牛全国门市转战线上服务。	"途牛严选"线上商城；直播带货，上线"产品日"；通过朋友圈、会员群、"途牛旅游网"官方抖音号等渠道发布制作的世界各地风景视频；线上课程培训，学习考证提技能。推出"会员日"和"产品日"大促；联合促销；推出特色定制产品；途牛探索创新模式取佳绩，在稳步恢复旅游零售业务的同时也重点加强2B2C销售渠道，包括社群、门店以及分销。
驴妈妈	退订，4次升级游客安全保障预案；启动1亿元重大灾害保障基金。	"驴妈妈大学"进行员工培训；推出"山河无恙开心驴行"景区智能化服务解决方案；"驴客严选"线上商城。与地方及境外旅游相关部门合作，旅游直播，合作开发文旅景区。
众信旅游	退改订单，保障游客安全回程；取消产品经营；捐赠物资，驰援抗疫一线。	借力海南自贸港，布局旅游合作项目；"优客选"线上商城；加强员工培训，众信U学院线上培训；成立众信方舟MCN直播，孵化网红，试水直播带货。
凯撒旅游	停止发团，办理退款，疫情防控，保障在途旅客安全回国；为抗疫工作者提供免餐服务。	"明智优选"线上商城；启动"输血"计划；多元化经营。7月底，推出线上旅游产品。

续表

市场主体	疫情暴发初期	复工复产阶段至今
同程国旅	订单退订,不断升级退改保障措施;紧急上线多项功能;联合好大夫推出免费在线义诊服务。	上线新型肺炎确诊同行程查询服务;推出"你返程,我守护"专项服务;推出"安心坐"服务;同程生活+惠出发+咪店;"同程大学"进行员工线上培训。 7月底,推出线上旅游产品;"十一"黄金周放出"10亿补贴";9月,正式进军泰国移动支付市场。

资料来源:根据相关方官网信息整理。

第四章
不惧风雨，目的地满意度水平保持稳定

一、出境游客满意度持续改善

近年来出境旅游目的地满意度保持着持续改善态势。即便在2020年疫情冲击下，有抱怨情绪的出境游客比例依然呈下降态势（见图4-1）。其中有出境游客的宽容和理解，也有出境目的地提升竞争力的努力和付出。

2019年，出境游客出游时有抱怨情绪的占比为31.65%，无抱怨情绪的游客占比为68.34%。2020年上半年有抱怨情绪的出境游客占比28.74%，无抱怨情绪的游客为71.27%，总体而言，中国游客对出境旅行较为满意。

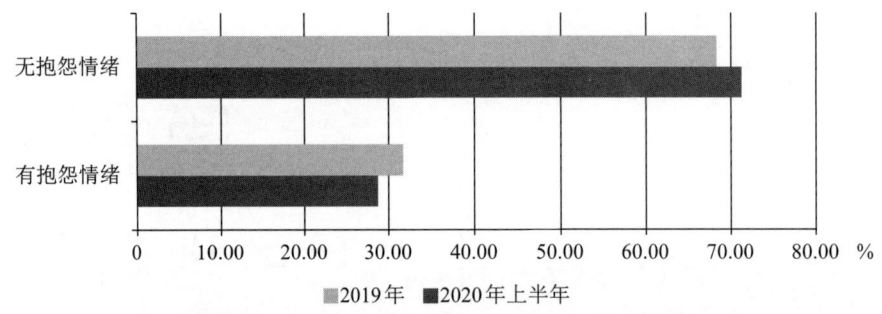

图4-1　2019年和2020年上半年中国公民出境旅游抱怨情绪占比分布

二、目的地满意度水平保持稳定

无论2019年还是2020年上半年，出境旅游主要目的地的满意度均维持在"基本满意"水平以上。

2019年，在调研的样本国家和地区中，出境旅游目的地满意度综合评分全部达到75分以上的"基本满意"水平，游客综合满意度得分从高到低的依次是：日本84.05分、新西兰84.02分、新加坡83.95分、美国83.04分、法国82.46分、中国澳门82.35分、泰国82.27分、西班牙82.23分、中国香港81.96分、澳大利亚81.88分、意大利81.85分、加拿大81.84分、马来西亚81.73分、中国台湾

81.72分、德国81.25分、蒙古81.10分、印度80.85分、俄罗斯80.84分、韩国80.83分、柬埔寨80.60分、印度尼西亚80.51分、菲律宾80.31分、英国80.27分、阿根廷79.85分、巴西79.56分、南非78.73分、越南78.42。

2020年上半年,在调研的样本国家和地区中,出境旅游目的地满意度综合评分也全部达到75分以上的"基本满意"水平。出境旅游目的地满意度综合评分从高到低依次是:意大利85.05分、日本84.91分、蒙古83.92分、西班牙83.81分、中国香港83.64分、俄罗斯83.08分、中国澳门82.86分、马来西亚82.74分、新西兰82.74分、新加坡82.58分、美国82.45分、印度82.21分、韩国81.81分、加拿大81.73分、巴西81.51分、中国台湾81.45分、德国81.24分、泰国81.01分、南非80.48分、澳大利亚79.53分、柬埔寨79.51分、阿根廷78.99分、越南78.88分、英国78.71分、印度尼西亚77.95分、菲律宾77.36。

出境旅游基本满意指数上升的有16个,分别是巴西(4.08)、阿根廷(3.96)、中国香港(3.09)、南非(2.72)、中国澳门(2.56)、菲律宾(2.43)、中国台湾(2.20)、俄罗斯(2.02)、澳大利亚(1.92)、德国(1.83)、韩国(1.75)、柬埔寨(1.61)、加拿大(0.61)、蒙古(0.41)、法国(0.28)和马来西亚(0.08)。出境旅游基本满意指数降低的有11个,分别是新西兰(-4.51)、新加坡(-4.42)、意大利(-2.86)、日本(-2.81)、英国(2.32)、西班牙(-1.97)、印度(-1.97)、印度尼西亚(-1.8)、美国(-1.31)、泰国(-1.26)和越南(-1.06)。

1. 日本

(1)游客总体满意度得分

2019年、2020年第一季度和第二季度到访日本的中国公民游客总体满意度分别为82.4分、80.16分和80.23分,在27个抽样国家和地区中排名第一。

(2)满意度指数调查分析

2019年日本各项服务满意度皆高于72分,其中,住宿和当地居民态度得分最高,分别为90.5分和89.34分;旅游业管理满意度最低,为73.69分。

2020年第一季度和第二季度日本当地居民态度满意度最高,为89.35分和89.74分;第一季度旅游业管理满意度,为72.51分,第二季度餐饮服务的游客满意度最低,为68.01分。

总体而言,受新冠肺炎疫情影响,日本2020年第一季度相较2019年各满意度指标,除了交通满意度和当地居民态度提升之外,其余服务项目均有不同程度降低。2020年第二季度较2019年餐饮、住宿和推荐度的指数略有下降,其余满意度指数保持平稳。

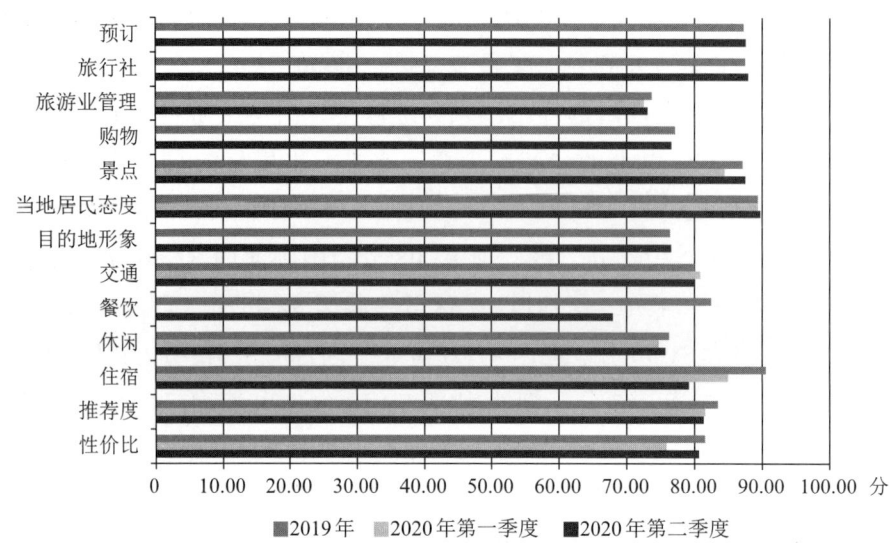

图 4-2　2019 年和 2020 年上半年日本各窗口服务满意度指数

注：因受新冠疫情影响，2020 年第一季度日本在预订、旅行社、购物、目的地形象和餐饮窗口无满意度指数显示。

2. 新西兰

（1）游客总体满意度得分

2019 年、2020 年第一季度与第二季度到访新西兰的中国公民游客总体满意度分别为 81.83 分、75.22 分和 80.23 分。

（2）满意度指数调查分析

2019 年新西兰各项服务满意度皆高于 70 分，其中，预订和当地居民态度满意度最高，分别为 88.52 分和 88.475 分；旅游业管理的满意度最低，为 73.69 分。2020 年第一季度新西兰当地居民态度满意度最高，为 89.55 分；住宿满意度最低，为 63.85 分。第二季度预订的满意度最高，为 88.83 分，旅行社管理满意度最低，为 71.06 分。

总体而言，新西兰 2020 年第一季度相较 2019 年各满意度指标，交通满意度、目的地形象满意度和旅游业管理出现明显上升，其余服务项目满意度均有不同程度降低。2020 年第二季度较 2019 年在出游性价比、预订、旅行社和休闲满意度上均有提升，其余满意度指数有小幅度下降。

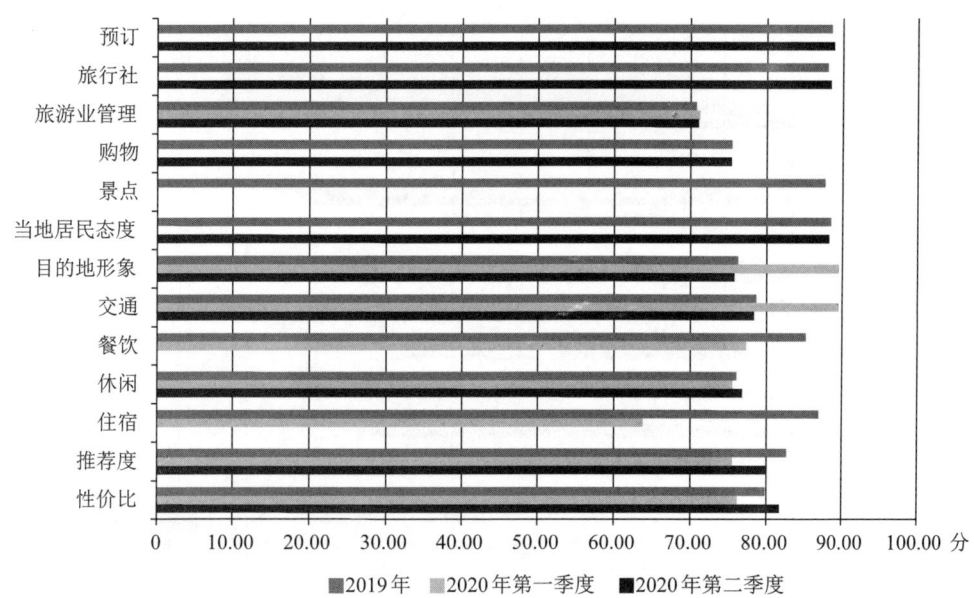

图 4-3　2019 年和 2020 年上半年新西兰各窗口服务满意度指数

注：因受新冠疫情影响，2020 年第一季度新西兰在预订、旅行社、购物、景点、当地居民态度无满意度指数显示，第二季度新西兰在景点、餐饮、住宿窗口无满意度指数显示。

3. 中国台湾

（1）游客总体满意度得分

2019 年、2020 年第一季度和第二季度大陆居民到访台湾的总体满意度分别为 81.81 分、78.42 分和 77.77 分。

（2）满意度指数调查分析

2019 年台湾各项服务满意度皆高于 72 分，其中，当地居民态度和住宿满意度较高，分别为 90.89 分和 89.02 分；旅游业管理满意度最低，为 72.42 分。2020 年第一季度和第二季度台湾当地居民态度满意度最高，为 91.77 分和 90.65 分，第一季度旅游业管理满意度最低，为 70.25 分，第二季度景区服务的满意度最低，为 64.68 分。

总体而言，台湾地区 2020 年第一季度相较 2019 年各满意度指标，除交通和当地居民态度的满意度提升外，其余服务项目均有不同程度降低。2020 年第二季度较 2019 年餐饮、住宿和推荐度的指数略有下降，其余满意度指数保持平稳。

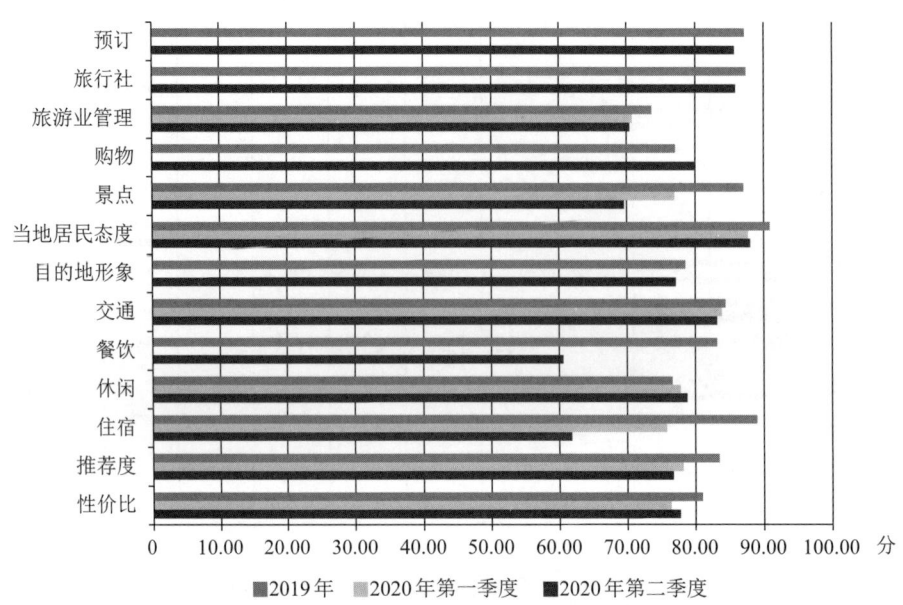

图 4-4　2019 年和 2020 年上半年台湾各窗口服务满意度指数

注：因受新冠疫情影响，2020 年第一季度台湾在预订、旅行社、购物、目的地形象和餐饮窗口无满意度指数显示。

4. 中国澳门

（1）游客总体满意度得分

2019 年与 2020 年第一季度和第二季度到访澳门的内地游客总体满意度分别为 81.69 分、76.36 分和 76.40 分。

（2）满意度指数调查分析

2019 年澳门各项服务满意度皆高于 70 分，其中，当地居民态度和住宿得分较高，分别为 87.90 分和 87.81 分；满意度最低的是旅游业管理，为 71.03 分。2020 年第一季度和第二季度澳门当地居民态度满意度最高，为 87.71 分和 88.04 分，第一季度旅游业管理满意度最低，为 70.85 分，第二季度餐饮服务的游客满意度最低，为 60.63 分。

总体而言，澳门 2020 年第一季度相较 2019 年各满意度指标，除休闲指数外其余指数都出现下降。2020 年第二季度较 2019 年，除购物和休闲指数提升外，其余服务项目均有不同程度下降。

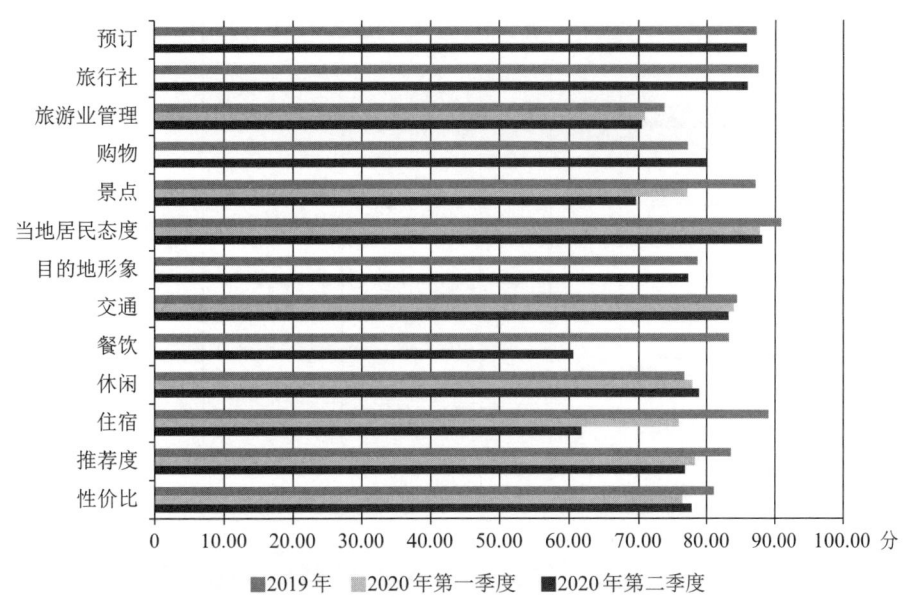

图4-5　2019年和2020年上半年澳门各窗口服务满意度指数

注：因受新冠疫情影响，2020年第一季度澳门在预订、旅行社、购物、目的地形象和餐饮窗口无满意度指数显示。

5. 澳大利亚

（1）游客总体满意度得分

2019年、2020年第一季度和第二季度到访澳大利亚的中国公民游客总体满意度分别为81.68分、76.94分和70.29分。

（2）满意度指数调查分析

2019年澳大利亚各项服务满意度均高于70分。其中，当地居民态度和预订满意度较高，分别为88.22分和87.99分；旅游业管理的满意度最低，为72.15分。2020年第一季度和第二季度当地居民态度满意度最高，为87.41分和88.22分；第一季度旅游业管理满意度最低，为73.35分，第二季度景点服务的游客满意度最低，为61.04分。

总体而言，澳大利亚2020年第一季度相较2019年，除休闲和旅行社管理指数外其余指数都出现下降。2020年第二季度较2019年，除了景点、旅游业管理和推荐度指数降低之外，其余服务项目满意度均有不同程度上升。

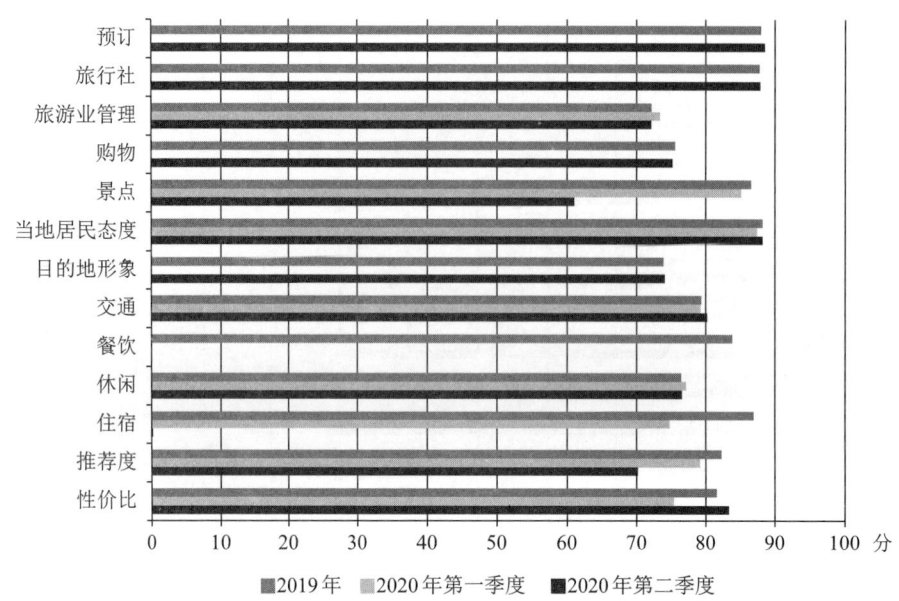

图 4-6　2019 年和 2020 年上半年澳大利亚各窗口服务满意度指数

注：因受新冠疫情影响，2020 年第一季度澳大利亚在预订、旅行社、购物、目的地形象和餐饮窗口无满意度指数显示，第二季度澳大利亚在餐饮与住宿窗口无满意度指数显示。

6. 泰国

（1）游客总体满意度得分

2019 年、2020 年第一季度和第二季度到访泰国的中国公民游客总体满意度分别为 81.43 分、79.27 分和 77.38 分。

（2）满意度指数调查分析

2019 年各项服务满意度皆高于 70 分，其中，当地居民态度和预订得分较高，分别为 89.15 分和 87.12 分；满意度最低的是旅游业管理，为 76.33 分。2020 年第一季度和第二季度泰国当地居民态度得分均最高为 87.71 分和 88.54 分，第一季度满意度最低的仍为旅游业管理得分 72.90 分，第二季度餐饮满意度最低，为 65.10 分。

总体而言，泰国 2020 年第一季度相较 2019 年，除交通指数外其余指数都有下降。2020 年第二季度较 2019 年，除了交通、旅游业管理、旅行社和预订满意度指数提升之外，其余服务项目均有不同程度下降。

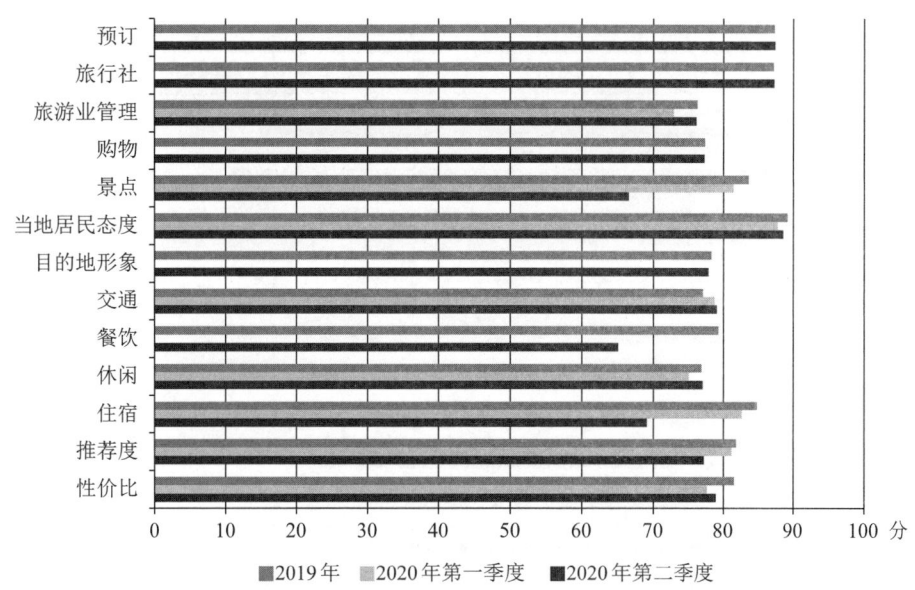

图4-7 2019年和2020年上半年泰国各窗口服务满意度指数

注：因受新冠疫情影响，2020年第一季度泰国在预订、旅行社、购物、目的地形象和餐饮窗口无满意度指数显示。

7. 新加坡

（1）游客总体满意度得分

2019年、2020年第一季度和第二季度到访新加坡的中国公民游客总体满意度分别为81.32分、76.65分和77.20分。

（2）满意度指数调查分析

2019年新加坡各项服务满意度皆高于70分，其中，住宿和旅行社得分较高，分别为86.81分和86.48分；满意度最低的是旅游业管理，为72.08分。2020年第一季度和第二季度新加坡当地居民态度得分均最高为87.98分和86.23分，第一季度满意度最低的仍为旅游业管理得分70.55分，第二季度游客满意度最低得分为景点服务得分65.69分。

总体而言，新加坡2020年第一季度相较2019年，除当地居民态度指数外其余指数都出现下降。2020年第二季度较2019年，除了交通和当地居民态度指数提升之外，其余服务项目均有不同程度下降。

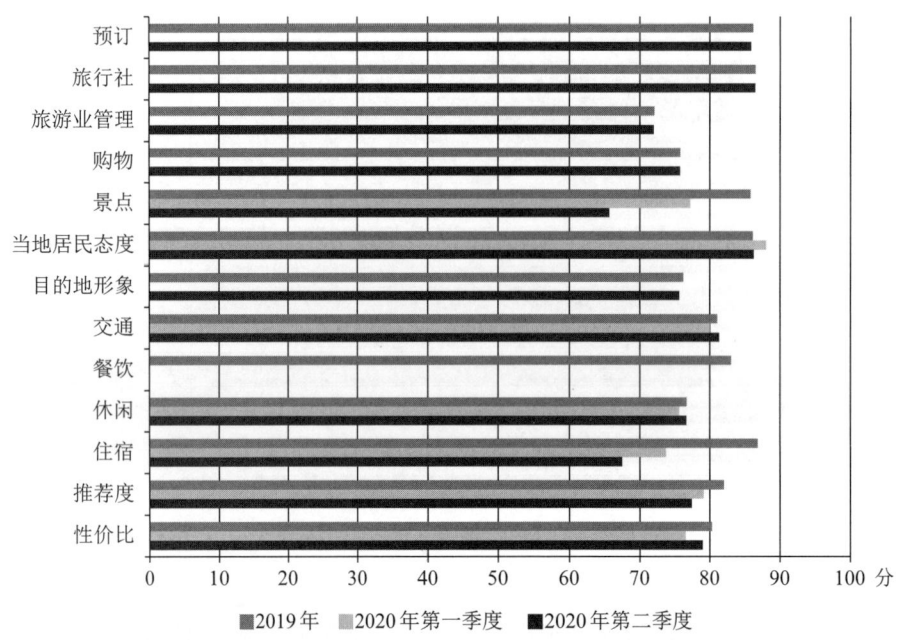

图 4-8　2019 年和 2020 年上半年新加坡各窗口服务满意度指数

注：因受新冠疫情影响，2020 年第一季度新加坡在预订、旅行社、旅游业管理、购物、目的地形象和餐饮窗口无满意度指数显示，第二季度新加坡在餐饮窗口无满意度指数显示。

8. 韩国

（1）游客总体满意度得分

2019 年、2020 年第一季度和第二季度到访韩国的中国公民游客总体满意度分别为 81.26 分、75.26 分和 77 分。

（2）满意度指数调查分析

2019 年韩国各项服务满意度皆高于 70 分，其中，当地居民态度和住宿得分较高，分别为 89.62 分和 89.19 分；满意度最低的是旅游业管理，为 73.13 分。2020 年第一季度和第二季度韩国当地居民态度得分均最高为 89.97 分和 89.15 分，第一季度住宿的满意度最低，为 65.81 分，第二季度住宿满意度最低，为 66.69 分。

总体而言，韩国 2020 年第一季度相较 2019 年，除旅游业管理和当地居民态度外其余指数都出现下降。2020 年第二季度较 2019 年，除了购物、交通、休闲和性价比满意度指数提升之外，其余服务项目均有不同程度下降。

第四章 不惧风雨，目的地满意度水平保持稳定
Chapter 4 The Index of Destination Satisfaction Remained Stable

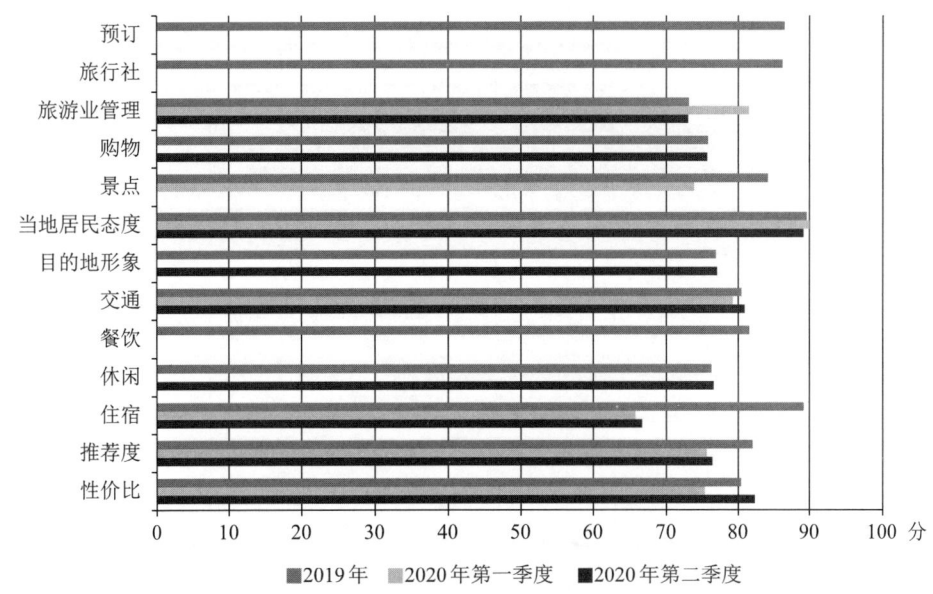

图 4-9 2019 年和 2020 年上半年韩国各窗口服务满意度指数

注：因受新冠疫情影响，2020 年第一季度韩国在预订、旅行社、购物、目的地形象、餐饮和休闲窗口无满意度指数显示，第二季度韩国在预订、餐饮、景点、旅行社和预订窗口无满意度指数显示。

9. 意大利

（1）游客总体满意度得分

2019 年、2020 年第一季度和第二季度到访意大利的中国公民游客总体满意度分别为 81.2 分、74.21 分和 78 分。

（2）满意度指数调查分析

2019 年意大利各项服务满意度皆高于 70 分，其中，景点和当地居民态度得分较高，分别为 89.01 分和 88.66 分；满意度最低的是旅游业管理，为 70.48 分。2020 年第一和第二季度意大利当地居民态度得分均最高为 89.47 分和 88.44 分，第一季度景区满意度最低，为 66.72 分，第二季度餐饮满意度最低，为 67.5 分。

总体而言，意大利 2020 年第一季度相较 2019 年，除交通指数外其余指数都出现下降。2020 年第二季度较 2019 年，除了性价比、交通、购物和预订指数提升之外，其余服务项目均有不同程度下降。

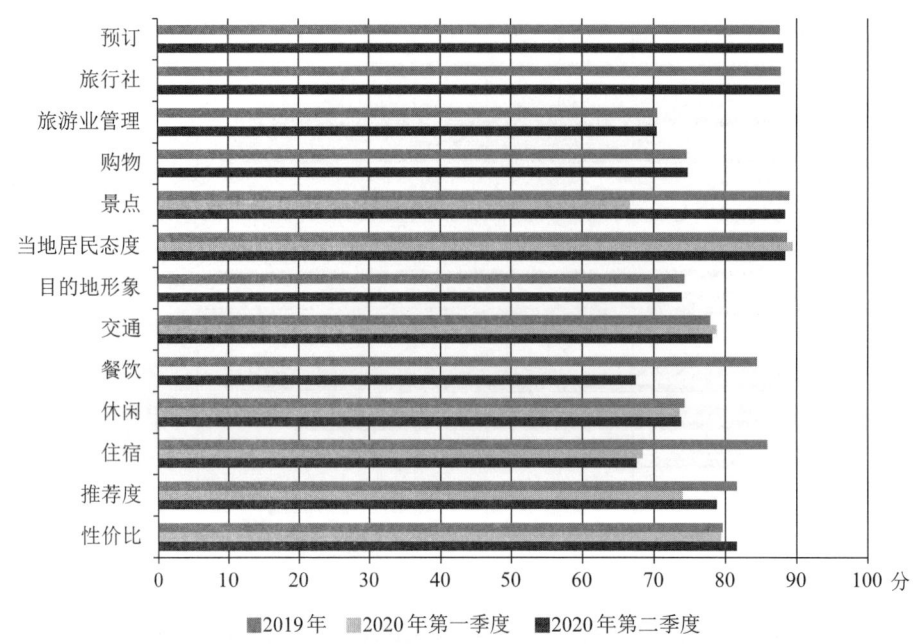

图 4-10　2019 年和 2020 年上半年意大利各窗口服务满意度指数

注：因受新冠疫情影响，2020 年第一季度意大利在旅游业管理、预订、旅行社、购物、目的地形象和餐饮窗口无满意度指数显示。

10. 法国

（1）游客总体满意度得分

2019 年、2020 年第一季度和第二季度到访法国的中国公民游客总体满意度分别为 81 分、74.28 分和 77.93 分。

（2）满意度指数调查分析

2019 年法国各项服务满意度皆高于 70 分，其中，当地居民态度和景点得分较高，分别为 88.35 分和 88.49 分；满意度最低的是旅游业管理，为 70.14 分。2020 年第一季度和第二季度法国当地居民态度得分均最高为 89.19 分和 88.39 分，第一季度满意度最低为景点，为 65.86 分，第二季度游客满意度最低的为住宿，为 64.87 分。

总体而言，法国 2020 年第一季度相较 2019 年，除当地居民态度和交通外其余指数都出现下降。2020 年第二季度相较 2019 年，除了目的地形象、交通和性价比指数提升之外，其余服务项目均有不同程度下降。

第四章 不惧风雨，目的地满意度水平保持稳定
Chapter 4 The Index of Destination Satisfaction Remained Stable

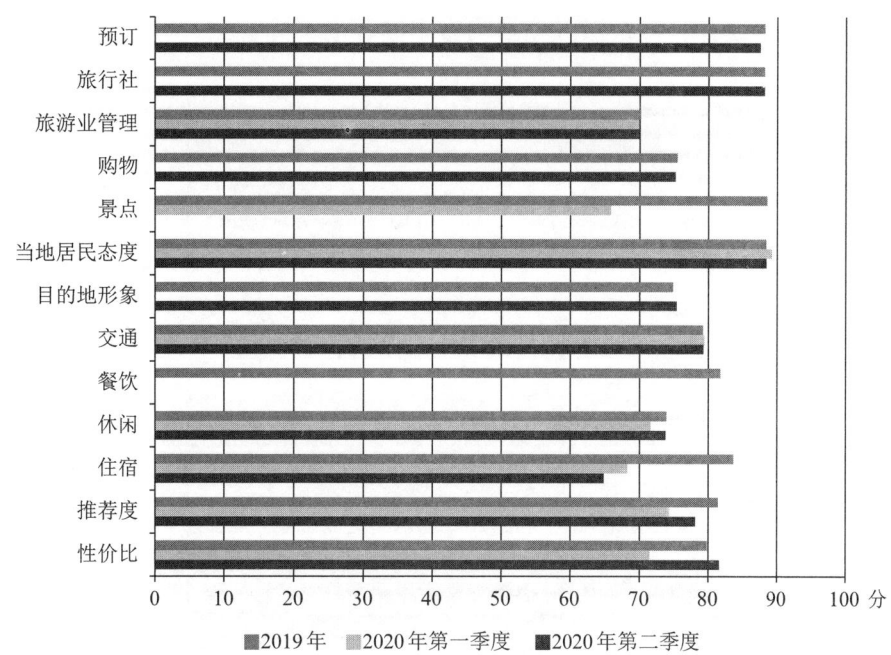

图4-11 2019年和2020年上半年法国各窗口服务满意度指数

注：因受新冠疫情影响，2020年第一季度法国在预订、旅行社、购物、目的地形象和餐饮窗口无满意度指数显示，第二季度法国在餐饮和景点窗口无满意度指数显示。

11. 加拿大

（1）游客总体满意度得分

2019年、2020年第一季度和第二季度到访加拿大的中国公民游客总体满意度分别为80.95分、77.75分和77.67分。

（2）满意度指数调查分析

2019年加拿大各项服务满意度皆高于70分，其中，当地居民态度和景点得分较高，分别为88.83分和87.11分；满意度最低的是旅游业管理，为70.62分。2020年第一季度和第二季度加拿大当地居民态度得分均最高为88.53分和89分，第一季度满意度最低的为旅游业管理，为72.1分，第二季度游客满意度最低得分为景点，为65.49分。

总体而言，加拿大2020年第一季度相较2019年，除旅游业管理和休闲指数外其余指数都出现下降。2020年第二季度较2019年，除了旅行社、休闲和

性价比指数提升之外，其余服务项目均有不同程度下降。

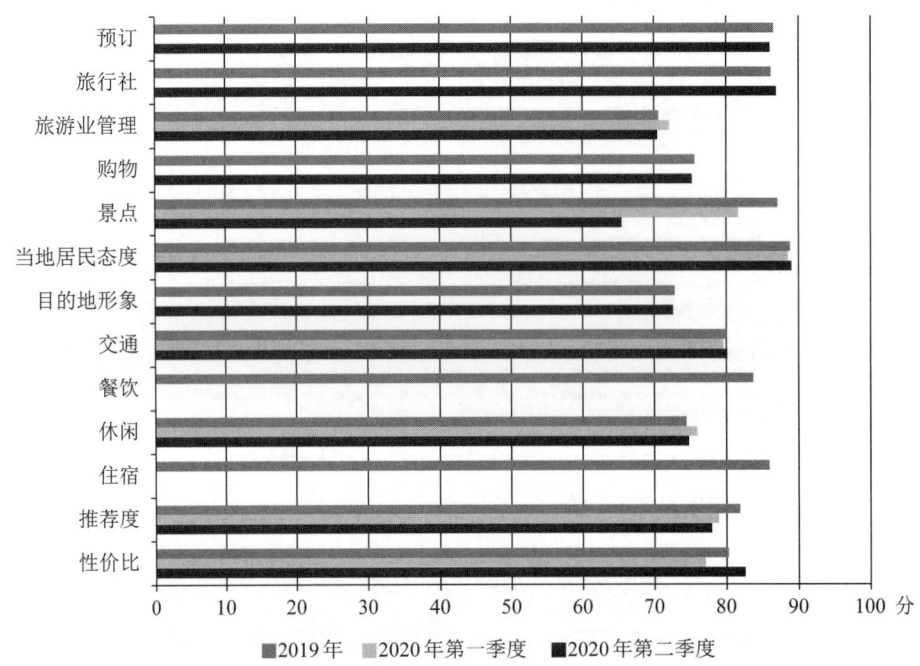

图 4-12　2019 年和 2020 年上半年加拿大各窗口服务满意度指数

注：因受新冠疫情影响，2020 年第一季度加拿大在预订、旅行社、购物、目的地形象、住宿和餐饮窗口无满意度指数显示，第二季度加拿大在餐饮和住宿窗口无满意度指数显示。

12. 中国香港

（1）游客总体满意度得分

2019 年与 2020 年第一季度和第二季度到访香港的内地游客总体满意度分别为 80.9 分、77.61 分和 75.09 分。

（2）满意度指数调查分析

2019 年香港各项服务满意度皆高于 70 分，其中，预订和当地居民态度得分较高，分别为 87.34 分和 86.65 分；满意度最低的是旅游业管理，为 71.79 分。2020 年第一季度和第二季度香港当地居民态度得分均最高，为 86.37 分和 87.1 分，第一季度景点满意度最低，为 68.93 分；第二季度餐饮满意度最低，44.66 分。

总体而言，香港 2020 年第一季度相较 2019 年，除旅游业管理、交通和休闲指数外其余指数都出现下降。2020年第二季度较2019年，除了当地居民态度、休闲和性价比指数提升之外，其余服务项目均有不同程度下降。

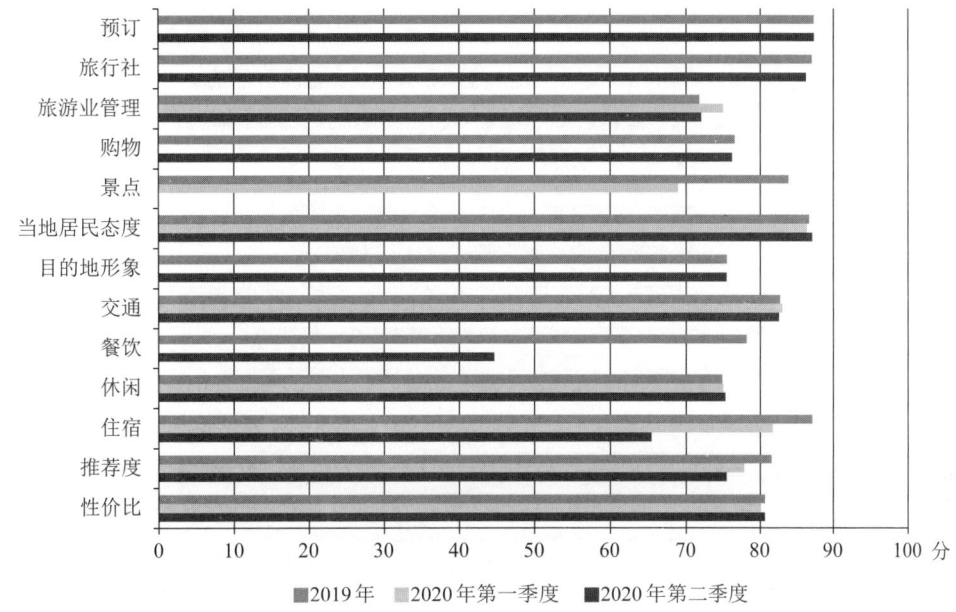

图4-13 2019年和2020年上半年香港各窗口服务满意度指数

注：因受新冠疫情影响，2020年第一季度香港在预订、旅行社、购物、目的地形象和餐饮窗口无满意度指数显示，第二季度香港在景点窗口无满意度指数显示。

13. 越南

（1）游客总体满意度得分

2019年、2020年第一季度和第二季度到访越南的中国公民游客总体满意度分别为80.90分、77.87分和77.58分。

（2）满意度指数调查分析

2019年越南各项服务满意度皆高于70分，其中，交通和性价比得分较高，分别为89.18分和86.22分；住宿的满意度最低，为73.37分。2020年第一季度和第二季度越南当地居民态度得分均最高为89.26分和89.67分，第一季度满意度最低的是旅游业管理，为71.86分，第二季度游客满意度最低得分为住宿，为63.52分。

总体而言，越南2020年第一季度相较2019年，除当地居民态度、休闲和住宿指数外其余指数都出现下降。2020年第二季度较2019年，除了预订、旅行社、当地居民态度、目的地形象和休闲指数提升之外，其余服务项目均有不同程度下降。

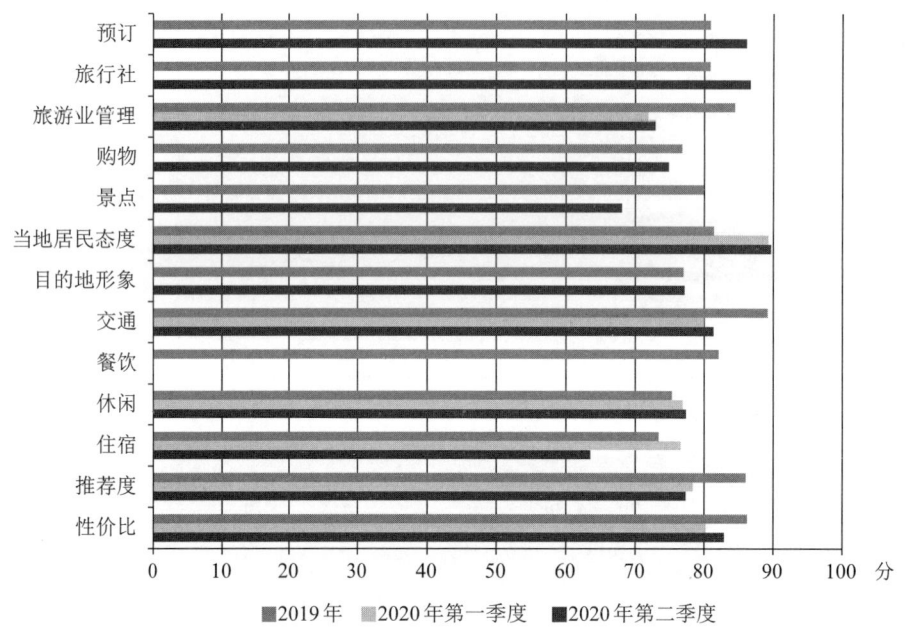

图4-14　2019年和2020年上半年越南各窗口服务满意度指数

注：因受新冠疫情影响，2020年第一季度越南在预订、旅行社、购物、目的地形象、景点和餐饮窗口无满意度指数显示，第二季度越南在餐饮窗口无满意度指数显示。

14. 印度尼西亚

（1）游客总体满意度得分

2019年、2020年第一季度和第二季度到访印度尼西亚的中国公民游客总体满意度分别为80.79分、76.74分和77.31分。

（2）满意度指数调查分析

2019年印度尼西亚各项服务满意度皆高于70分，其中，当地居民态度和住宿得分较高，分别为89.88分和87.08分；满意度最低的是旅游业管理，为70.27分。2020年第一季度和第二季度印度尼西亚当地居民态度得分均最高，为89.66分和89.5分，第一季度旅游业管理满意度最低，为69.46分，第二季度住宿游客满意度最低，为67.79分。

总体而言，印度尼西亚2020年第一季度相较2019年，除休闲指数外其余指数都出现下降。2020年第二季度相较2019年，除了旅行社、性价比和休闲指数提升之外，其余服务项目均有不同程度下降。

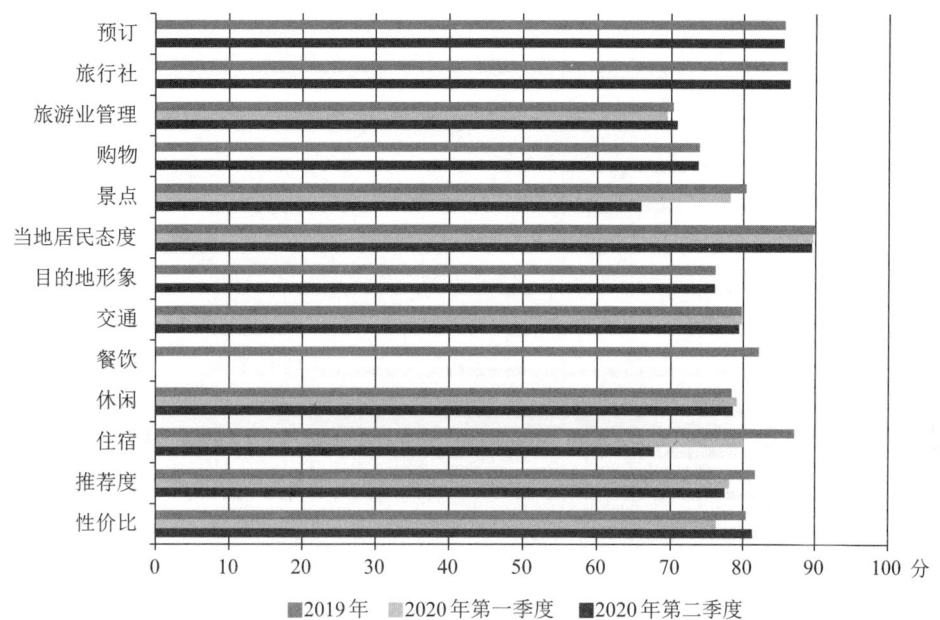

图 4-15　2019 年和 2020 年上半年印度尼西亚各窗口服务满意度指数

注：因受新冠疫情影响，2020年第一季度印度尼西亚在预订、旅行社、购物、目的地形象和餐饮窗口无满意度指数显示，第二季度印度尼西亚在餐饮窗口无满意度指数显示。

15. 马来西亚

（1）游客总体满意度得分

2019年、2020年第一季度和第二季度到访马来西亚的中国公民游客总体满意度分别为80.74分、77.24分和78.24分。

（2）满意度指数调查分析

2019年马来西亚各项服务满意度皆高于70分，其中，当地居民态度和旅行社得分较高，分别为89.05分和85.39分；满意度最低的是旅游业管理，为72.59分。2020年第一季度和第二季度马来西亚当地居民态度得分均最高，为90.22分和89.07分，旅游业管理的满意度最低，为70.89分和72.49分。

总体而言，马来西亚2020年第一季度相较2019年，除当地居民态度和住宿指数外其余指数都出现下降。2020年第二季度较2019年，除了休闲、交通、目的地形象、当地居民态度、旅行社和预订指数提升之外，其余服务项目均有不同程度下降。

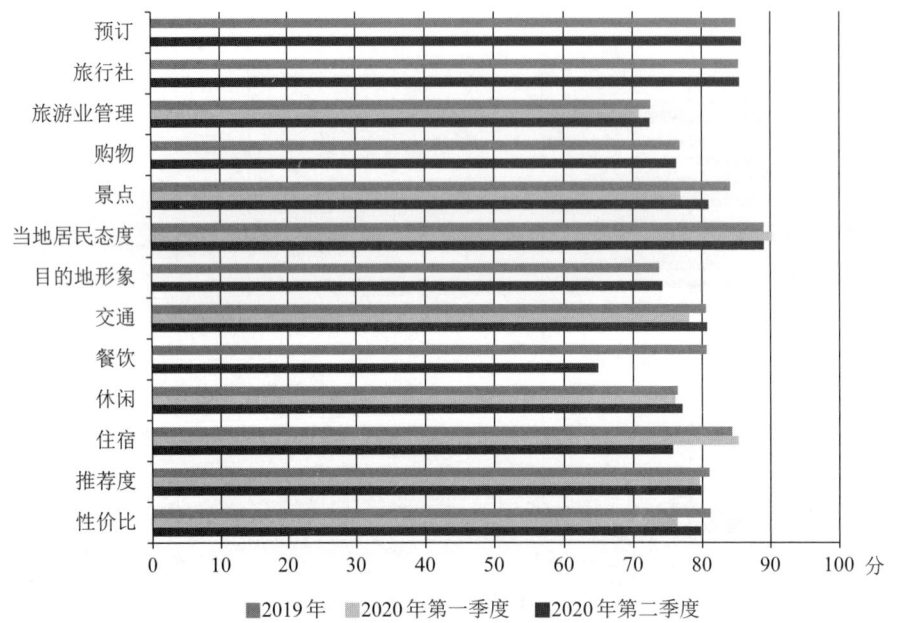

图 4-16 2019 年和 2020 年上半年马来西亚各窗口服务满意度指数

注：因受新冠疫情影响，2020年第一季度马来西亚在预订、旅行社、购物、目的地形象和餐饮窗口无满意度指数显示。

16. 英国

（1）游客总体满意度得分

2019 年、2020 年第一季度和第二季度到访英国的中国公民游客总体满意度分别为 80.61 分、75.16 分和 78.98 分。

（2）满意度指数调查分析

2019 年英国各项服务满意度皆高于 70 分，其中，当地居民态度和预订得分较高，分别为 88.83 分和 87.86 分；满意度最低的是旅游业管理，为 70.18 分。2020 年第一和第二季度英国当地居民态度得分均最高，为 89.2 分和 88.81 分，第一季度和第二季度的住宿满意度最低，为 67.43 分和 68.8 分。

总体而言，英国 2020 年第一季度相较 2019 年，除交通和当地居民态度指数外其余指数都出现下降。2020年第二季度较2019年,休闲、交通、目的地形象、景点、旅游业管理、旅行社和预订近一半的满意度指数得分小幅度提升,其余服务项目均有不同程度下降。

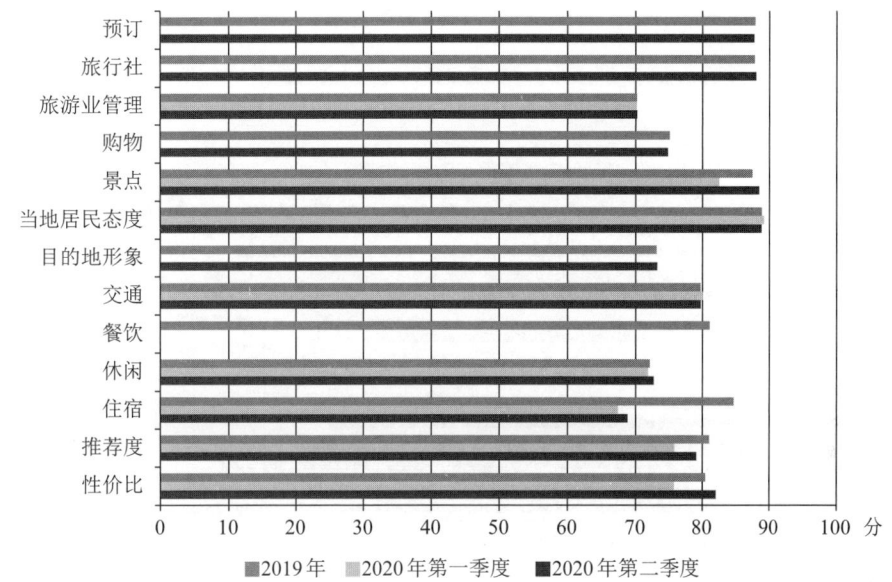

图4-17　2019年和2020年上半年英国各窗口服务满意度指数

注：因受新冠疫情影响,2020年第一季度英国在预订、旅行社、购物、目的地形象和餐饮窗口无满意度指数显示,第二季度英国在餐饮窗口无满意度指数显示。

17.美国

（1）游客总体满意度得分

2019年、2020年第一季度和第二季度到访美国的中国公民游客总体满意度分别为80.58分、74.81分和75.34分。

（2）满意度指数调查分析

2019年美国各项服务满意度皆高于70分,其中,当地居民态度和景点得分较高,分别为87.51分和86.7分；满意度最低的是旅游业管理,为70.73分。2020年第一和第二季度美国当地居民态度得分均最高为87.29分和86.99分,第一季度旅游业管理满意度最低为70分,第二季度餐饮满意度最低,为56.11分。

总体而言,美国2020年第一季度相较2019年,各项满意度指数都出现下降。2020年第二季度较2019年，除了性价比和休闲指数提升之外，其余服务项目均有不同程度下降。

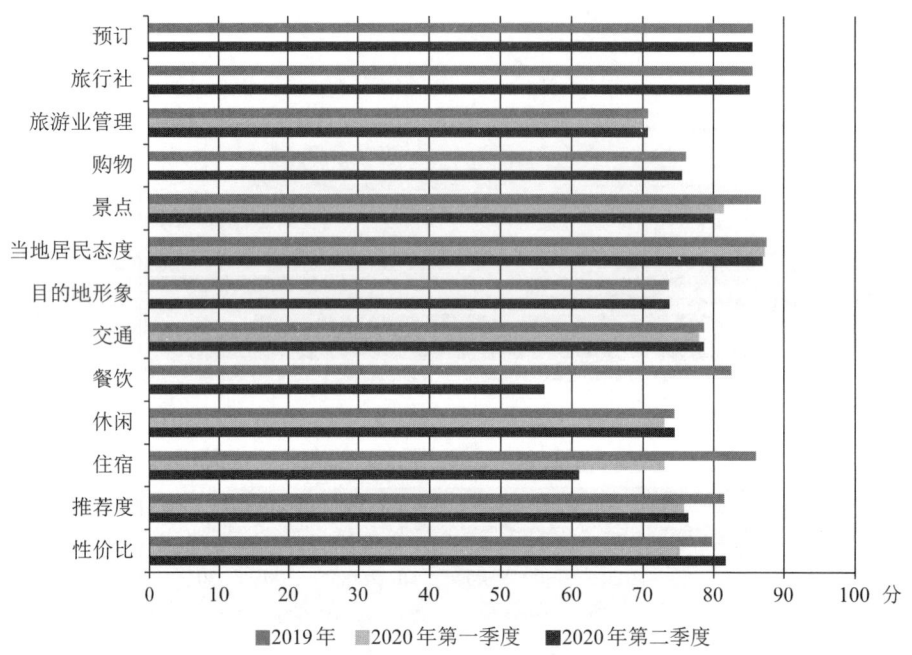

图4-18 2019年和2020年上半年美国各窗口服务满意度指数

注：因受新冠疫情影响，2020年第一季度美国在预订、旅行社、购物、目的地形象和餐饮窗口无满意度指数显示。

18. 西班牙

（1）游客总体满意度得分

2019年、2020年第一季度和第二季度到访西班牙的中国公民游客总体满意度分别为80.5分、76.1分和76.86分。

（2）满意度指数调查分析

2019年西班牙各项服务满意度皆高于70分，其中，住宿和当地居民态度得分较高，分别为88.76分和87.92分；满意度最低的是旅游业管理，为71.46分。2020年第一季度和第二季度西班牙当地居民态度得分均最高，为86.66分和87.39分，第一季度和第二季度住宿满意度最低，为67.73分和57.44分。

总体而言，西班牙2020年第一季度相较2019年，除休闲和交通指数外其余指数都出现下降。2020年第二季度较2019年,除了景点和旅行社指数提升之外,其余服务项目均有不同程度下降。

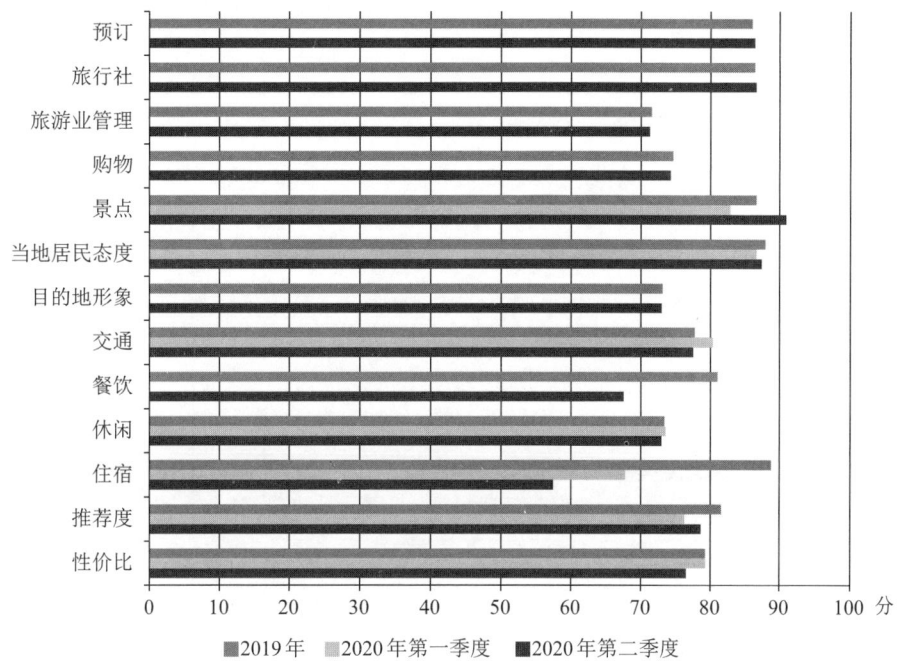

图4-19　2019年和2020年上半年西班牙各窗口服务满意度指数

注:因受新冠疫情影响,2020年第一季度西班牙在预订、旅行社、旅游业管理、购物、目的地形象、旅游业管理和餐饮窗口无满意度指数显示。

19. 柬埔寨

(1)游客总体满意度得分

2019年、2020年第一季度和第二季度到访柬埔寨的中国公民游客总体满意度分别为80.49分、74分和77.16分。

(2)满意度指数调查分析

2019年柬埔寨各项服务满意度皆高于70分,其中,当地居民态度得分最高,分别为88.99分;满意度最低的是目的地形象,为72.5分。2020年第一季度和第二季度柬埔寨当地居民态度得分均最高,为89.25分和89.11分,第一季度住宿满意度最低,为67.24分,第二季度景点满意度最低,为68.69分。

总体而言,柬埔寨2020年第一季度相较2019年,除当地居民态度指数外其余指数都出现下降。2020年第二季度较2019年,除了性价比、交通、当地居民态度、旅行社和预订满意度指数提升之外,其余服务项目均有不同程度下降。

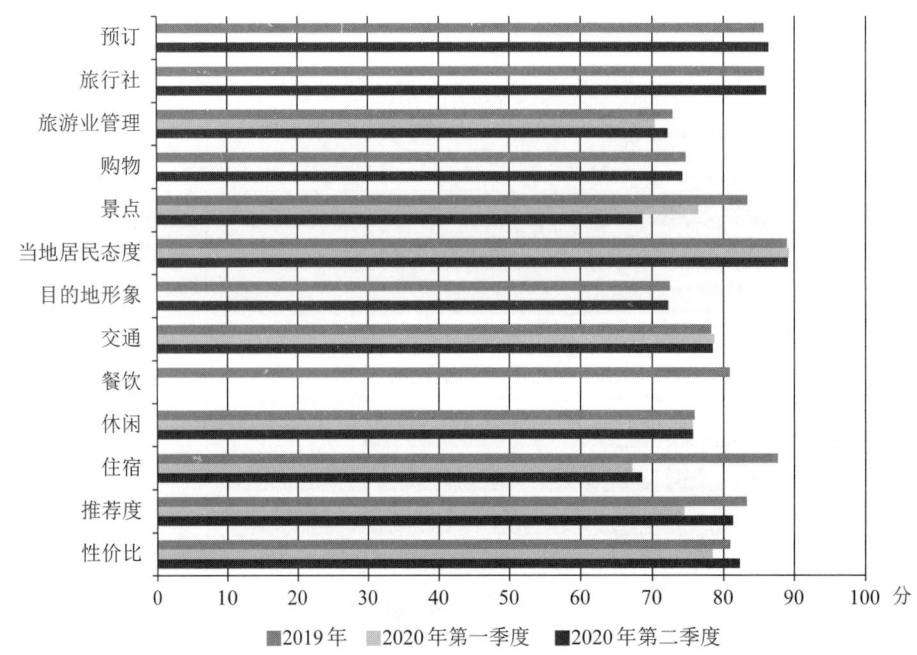

图 4-20　2019 年和 2020 年上半年柬埔寨各窗口服务满意度指数

注:因受新冠疫情影响,2020年第一季度柬埔寨在预订、旅行社、购物、目的地形象和餐饮窗口无满意度指数显示,第二季度柬埔寨在餐饮窗口无满意度指数显示。

20. 德国

(1) 游客总体满意度得分

2019年、2020年第一季度和第二季度到访德国的中国公民游客总体满意度分别为80.24分、75.01分和77.34分。

(2) 满意度指数调查分析

2019年德国各项服务满意度皆高于69分,其中,当地居民态度和旅行社得分较高,分别为88.77分和87.69分;满意度最低的是旅游业管理,为69.75分。2020年第一季度和第二季度德国当地居民态度得分均最高,为88.03分和88.47分,第一季度旅游业管理的满意度最低,为69.32,第二季度景点游客满意度最低，为 64.15 分。

总体而言，德国 2020 年第一季度相较 2019 年，各满意度指数均出现下降。2020 年第二季度较 2019 年，除了性价比、休闲、交通、目的地形象、购物和预订近一半满意度指数得到提升，其余服务项目均有不同程度下降。

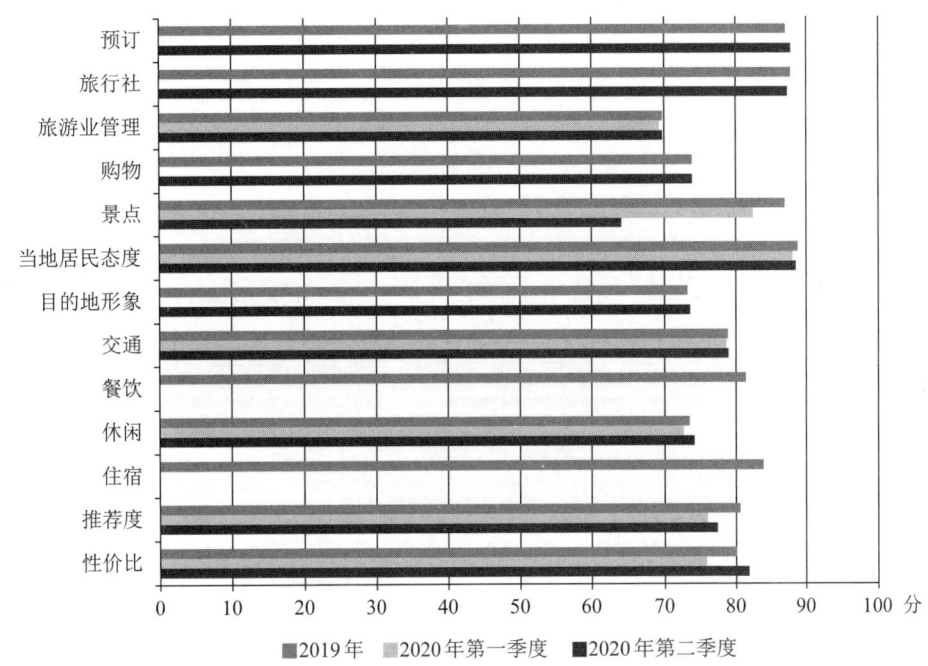

图 4-21　2019 年和 2020 年上半年德国各窗口服务满意度指数

注：因受新冠疫情影响，2020 年第一季度德国在预订、旅行社、购物、目的地形象、住宿和餐饮窗口无满意度指数显示，第二季度德国在餐饮和住宿窗口无满意度指数显示。

21. 俄罗斯

（1）游客总体满意度得分

2019 年、2020 年第一季度和第二季度到访俄罗斯的中国公民游客总体满意度分别为 80.14 分、74.96 分和 75.89 分。

（2）满意度指数调查分析

2019 年俄罗斯各项服务满意度皆高于 60 分，其中，旅游业管理得分最高，为 89.79 分；住宿的满意度最低，为 68.15 分。2020 年第一季度景点的满意度最高为 90.77 分，第二季度当地居民态度的得分最高，为 87.74 分，第一季度住宿的满意度最低，为67.5分，第二季度旅游业管理的游客满意度最低，为67.74分。

总体而言，俄罗斯2020年第一季度相较2019年，除景点外其余指数都出现下降。2020年第二季度较2019年，除了住宿、当地居民态度、购物、旅行社和预订满意度指数提升之外，其余服务项目均有不同程度下降。

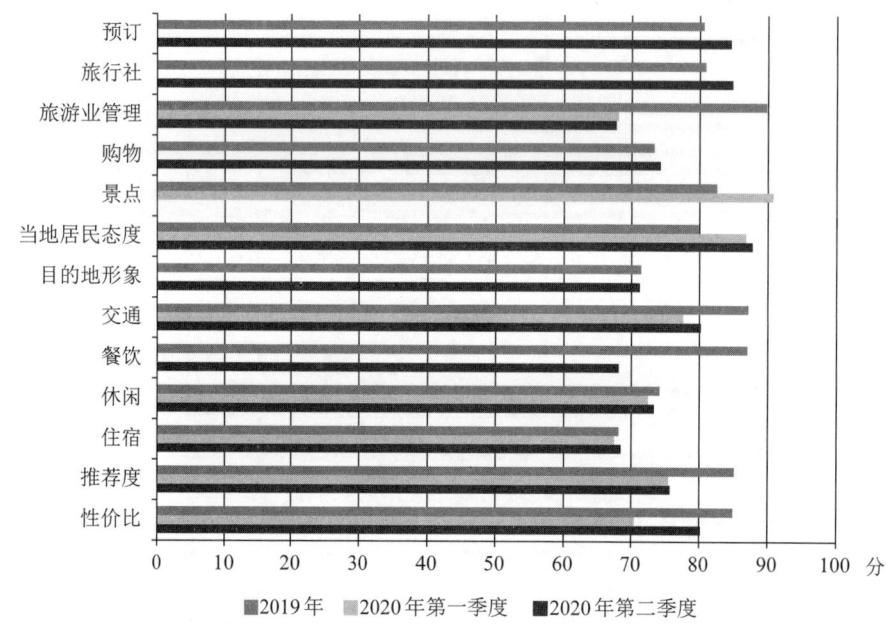

图4-22　2019年和2020年上半年俄罗斯各窗口服务满意度指数

注：因受新冠疫情影响，2020年第一季度俄罗斯在预订、旅行社、购物、目的地形象和餐饮窗口无满意度指数显示，第二季度俄罗斯在景点窗口无满意度指数显示。

22. 菲律宾

（1）游客总体满意度得分

2019年、2020年第一季度和第二季度到访菲律宾的中国公民游客总体满意度分别为79.77分、76.72分和75.13分。

（2）满意度指数调查分析

2019年菲律宾各项服务满意度皆高于70分，其中，当地居民态度和预订得分较高，分别为89.62分和84.72分；满意度最低的是交通，为71.71分。2020年第一季度和第二季度菲律宾当地居民态度得分均最高，为89.57分和88.87分，第一季度旅游业管理满意度最低，为 70.67 分，第二季度景点游客满意度最低，为 62 分。

总体而言，菲律宾 2020 年第一季度相较 2019 年，除交通指数外其余指数都出现下降。2020 年第二季度较 2019 年，除了交通、目的地形象和预订指数提升之外，其余服务项目均有不同程度下降。

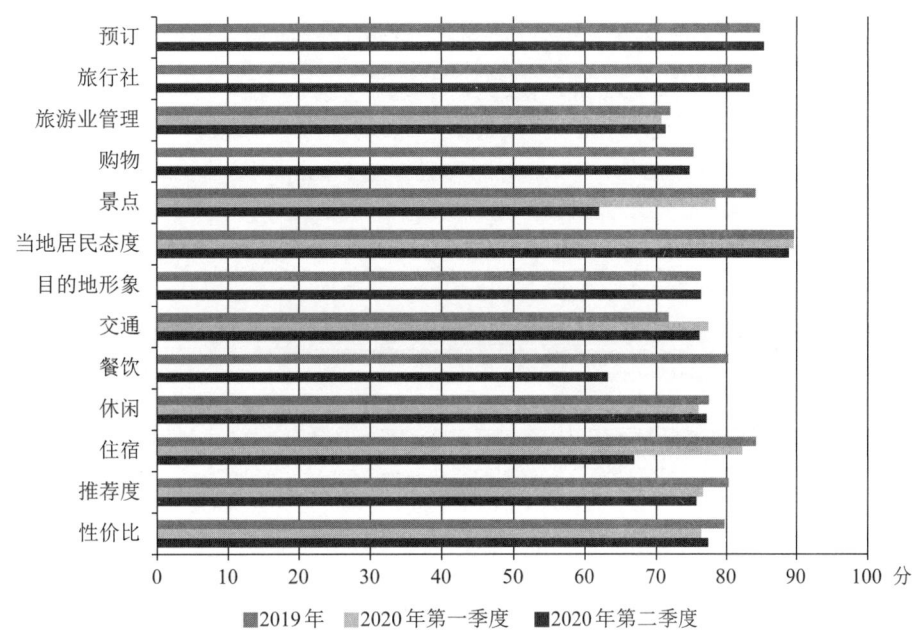

图 4-23　2019 年和 2020 年上半年菲律宾各窗口服务满意度指数

注：因受新冠疫情影响，2020 年第一季度菲律宾在预订、旅行社、购物、目的地形象和餐饮窗口无满意度指数显示。

23. 阿根廷

（1）游客总体满意度得分

2019 年、2020 年第一季度和第二季度到访阿根廷的中国公民游客总体满意度分别为 79.7 分、74.65 分和 78.35 分。

（2）满意度指数调查分析

2019 年阿根廷各项服务满意度皆高于 67 分，其中，住宿和旅行社得分较高，分别为 87.34 分和 87.43 分；满意度最低的是旅游业管理，为 67.2 分。2020 年第一季度当地居民态度满意度最高，为 86.67 分；第二季度旅行社满意度最高，为86.77分。第一季度和第二季度旅游业管理满意度最低，为67分。

总体而言，阿根廷2020年第一季度相较2019年，除性价比、交通指数外其余指数都出现下降。2020年第二季度较2019年，除了交通、性价比和预订指数提升之外，其余服务项目均有不同程度下降。

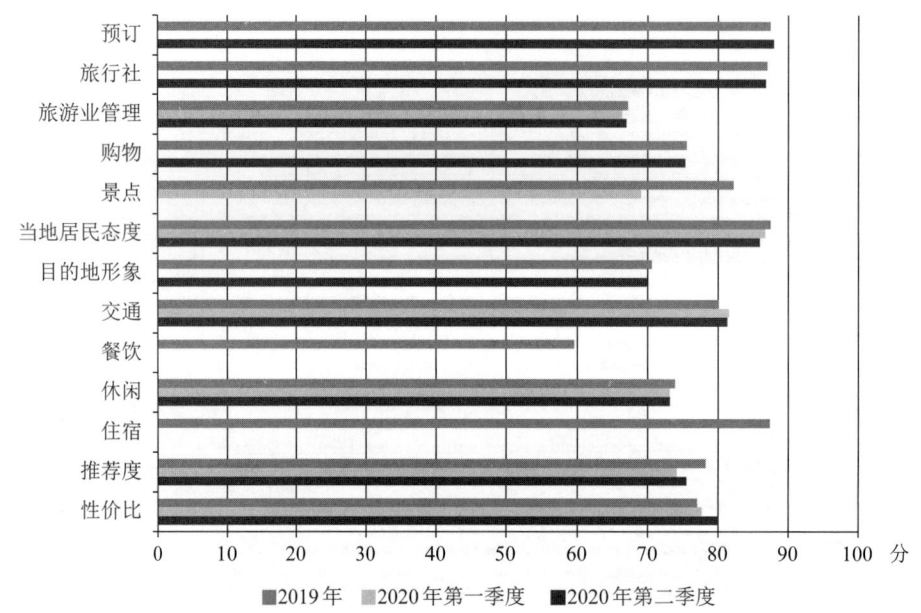

图4-24　2019年和2020年上半年阿根廷各窗口服务满意度指数

注：因受新冠疫情影响，2020年第一季度阿根廷在预订、旅行社、购物、目的地形象、住宿和餐饮窗口无满意度指数显示，第二季度阿根廷在住宿、餐饮和景点窗口无满意度指数显示。

24. 巴西

（1）游客总体满意度得分

2019年、2020年第一季度和第二季度到访巴西的中国公民游客总体满意度分别为78.88分、74.64分和77.84分。

（2）满意度指数调查分析

2019年巴西各项服务满意度皆高于67分，其中，当地居民态度和旅行社得分较高，分别为87.69分和87.25分；满意度最低的是旅游业管理，为67.45分。2020年第一季度和第二季度巴西当地居民态度满意度均最高，为87.71分和88.19分，第一季度和第二季度的旅游业管理满意度均最低，为70.85分和

67.65 分。

总体而言，巴西 2020 年第一季度相较 2019 年，景点、当地居民态度和景点满意度有小幅提升。2020 年第二季度较 2019 年，除旅行社外，其余各类窗口服务项目满意度均有不同程度提升。

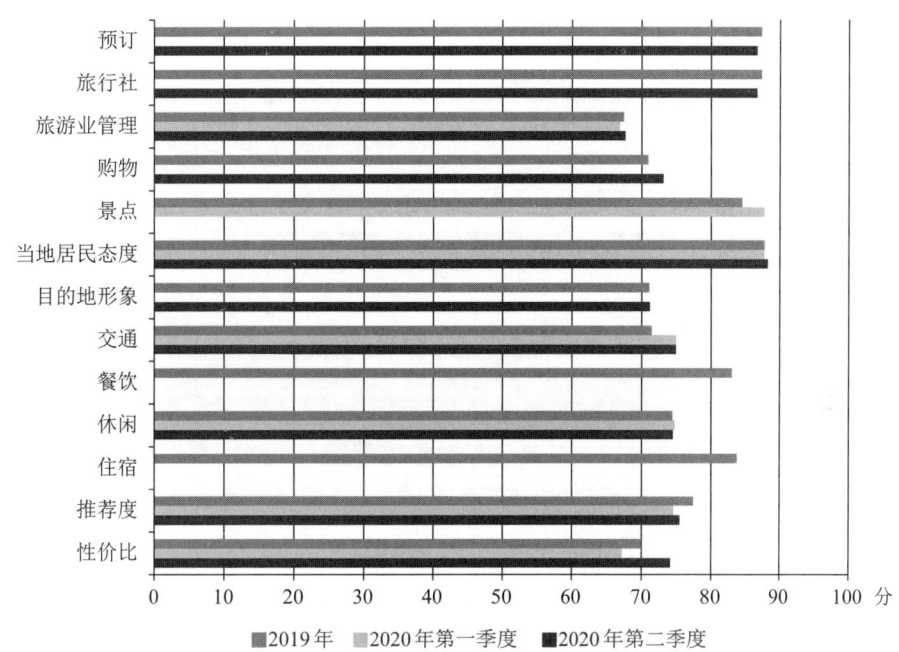

图 4-25　2019 年和 2020 年上半年巴西各窗口服务满意度指数

注：因受新冠疫情影响，2020 年第一季度巴西在预订、旅行社、购物、目的地形象、住宿和餐饮窗口无满意度指数显示，第二季度巴西在住宿、餐饮和景点窗口无满意度指数显示。

25. 南非

（1）游客总体满意度得分

2019 年、2020 年第一季度和第二季度到访南非的中国公民游客总体满意度分别为 78.84 分、75.3 分和 78.92 分。

（2）满意度指数调查分析

2019 年南非各项服务满意度皆高于 45 分，其中，交通和旅游业管理得分较高，分别为 87.95 分和 86.92 分；景点的满意度最低，为 45.95 分。2020 年第一季度和第二季度分别是当地居民态度和预订满意度最高，均为 86.9 分。第一季度景点的满意度最低,为 68.82 分,第二季度旅游业管理的满意度最低,为 68.60 分。

总体而言,南非 2020 年第一季度相较 2019 年,除当地居民态度、景点和休闲指数提升外,其余指数都出现下降。2020 年第二季度较 2019 年,除了预订、旅行社、当地居民态度、休闲满意度提升,其余指数均呈现下降现象。

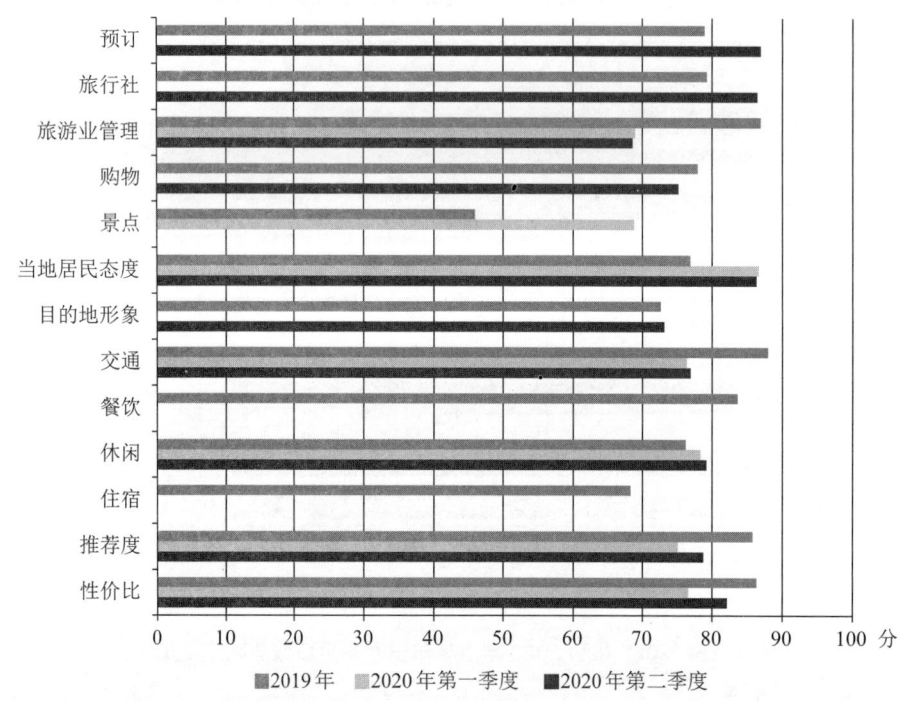

图 4-26　2019 年和 2020 年上半年南非各窗口服务满意度指数

注:因受新冠疫情影响,2020 年第一季度南非在预订、旅行社、购物、目的地形象、住宿和餐饮窗口无满意度指数显示,第二季度南非在住宿、餐饮和景点窗口无满意度指数显示。

26. 印度

(1) 游客总体满意度得分

2019 年、2020 年第一季度和第二季度到访印度的中国公民游客总体满意度分别为 78.23 分、73.31 分和 74.40 分。

(2) 满意度指数调查分析

2019 年印度各项服务满意度皆高于 67 分,其中,预订和旅行社满意度较高，分别为 87.24 分和 86.38 分；旅游业管理的满意度最低，为 67.71 分。2020 年第一季度印度景点满意度最高，为 87.9 分；第二季度预订的满意度最高，为 87.03 分。第一季度住宿满意度最低，为 70.85 分，第二季度餐饮的游客满意度最低，为 62.99 分。

总体而言，印度 2020 年第一季度相较 2019 年，除景点、当地居民态度和休闲指数外，其余指数都出现下降。2020 年第二季度较 2019 年，除性价比、交通、目的地形象、当地居民态度、购物和旅行社外，其余服务项目均有不同程度下降。

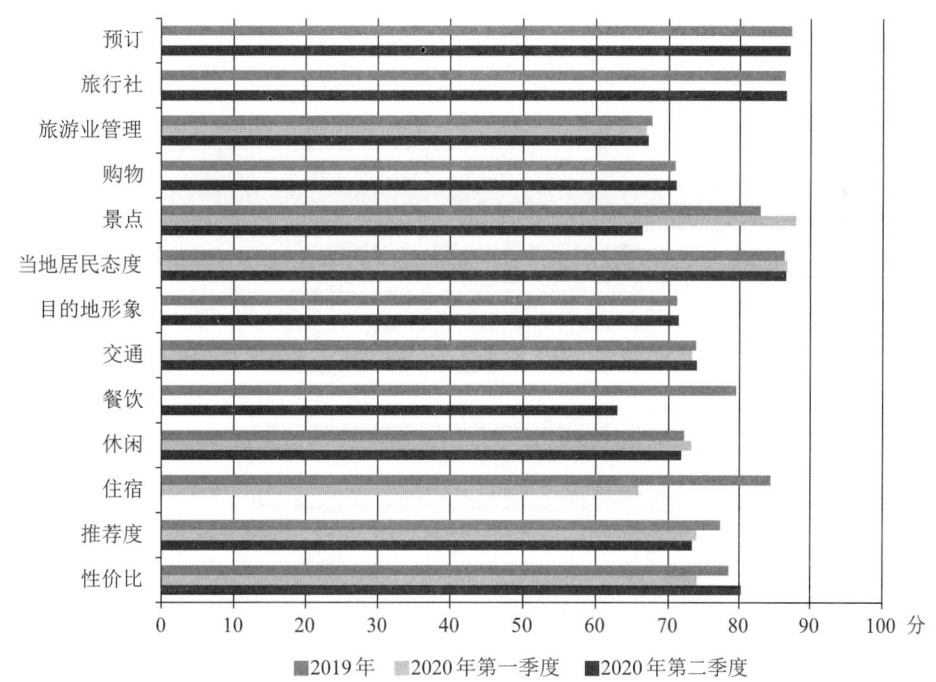

图 4-27　2019 年和 2020 年上半年印度各窗口服务满意度指数

注：因受新冠疫情影响，2020 年第一季度印度在预订、旅行社、购物、目的地形象和餐饮窗口无满意度指数显示，第二季度印度在住宿窗口无满意度指数显示。

27. 蒙古
（1）游客总体满意度得分

2019 年、2020 年第一季度和第二季度到访蒙古的中国公民游客总体满意度分别为 77.38 分、72.24 分和 76.47 分。

（2）满意度指数调查分析

2019年蒙古各项服务满意度皆高于65分，其中，预订和旅行社满意度较高，分别为86.36分和86.24分；满意度最低的是旅游业管理，为65.88分。2020年第一季度蒙古当地居民态度满意度最高，为84.76分。第二季度旅行社满意度最高为86.68分。第一季度和第二季度的旅游业管理的满意度最低，为66分和65.49分。

总体而言，蒙古2020年第一季度相较2019年，除性价比、当地居民态度和旅游业管理的满意度指数提升，其余指数都出现下降。2020年第二季度较2019年，性价比、休闲、当地居民态度、购物、旅行社和预订满意度指数略有提升，其余服务项目均有不同程度下降。

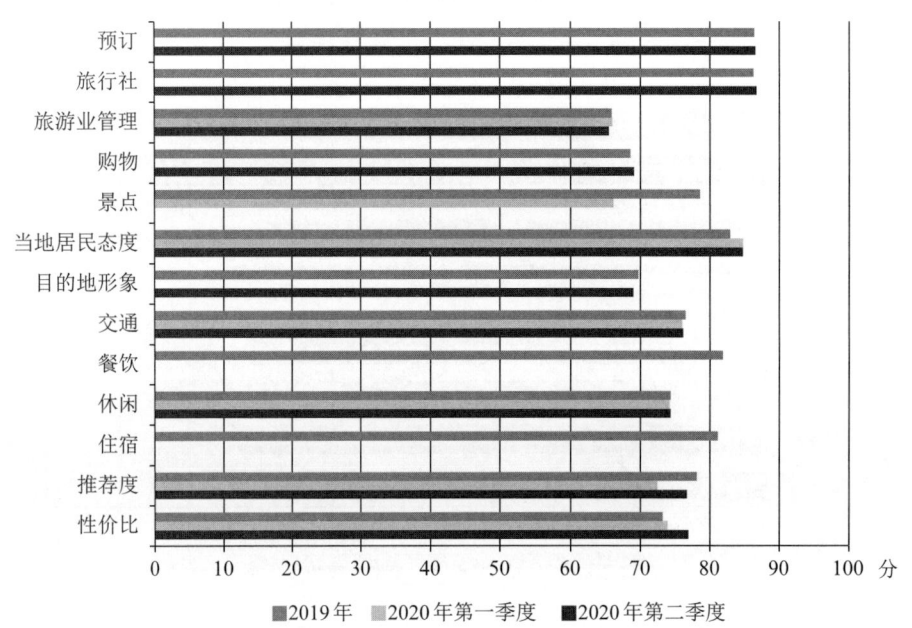

图4-28　2019年和2020年上半年蒙古各窗口服务满意度指数

注：因受新冠疫情影响，2020年第一季度蒙古在预订、旅行社、购物、目的地形象、住宿和餐饮窗口无满意度指数显示，第二季度蒙古在住宿、餐饮和景点窗口无满意度指数显示。

第五章

对未来的判断和展望:
未来依然好,行动正此时

一、影响出境旅游恢复发展的因素分析和未来判断

从当前全球疫情防控形势看，新冠肺炎疫情呈现出更加明显的不均衡性。有些得到了有效控制，有些依然在持续蔓延，还有的情况是已经缓解的疫情又突然加重。与之相对应，处于不同状态的相关方对跨境旅游的态度迥然有别，并随疫情防控状况灵活调整。疫情压力较轻并且对未来防控形势更乐观的国家和地区在开放跨境旅游上更为积极，采取诸如"旅游泡泡"等政策应对。即使开放，当前穿越边境的行政手续将比原来更复杂，安全检查也更严格。总之，境外目的地开放的态度会随疫情形势而变化。

由于疫情防控形势不平衡，不能够满足安全的需求，因此我国当前暂时不开放包括出境旅游在内的跨境旅游。2020年10月21日，《文化和旅游部办公厅关于进一步加强秋冬季疫情防控工作的通知》正式发布，其中明确，暂不恢复旅行社及在线旅游企业出入境团队旅游及"机票+酒店"业务。

未来我国出境旅游的恢复和发展，取决于多重因素的综合作用。有疫情的防控形势、国际环境的变化以及经济的景气程度，也有人们心智模式的变化、社会经济结构的变化和科技的发展进步。主要注意的是，中国社会经济向好发展趋势没有变，中国对外开放的决心和力度没有变，中国人民对于美好生活的向往没有变，这就意味着，出境旅游发展的根本逻辑没有改变。根本性因素依然在发挥作用，疫情及其他因素只是起着催化作用。

疫情防控进入常态化，但外防输入、内防反弹的防控压力依然很大，任何时候都需要将人民的生命安全和身体健康放在第一位。无论出境旅游还是入境旅游的重新开放，都取决于世界疫情的防控形势。

从疫情防控形势看，2021年有开始复苏的希望。最坏的时刻已经过去，最好的时刻还未到来。主要目的地国家和地区恢复开放的心情迫切，但绝对不能在时机未成熟的时候冒无谓的风险。

从长期看，出境旅游迟早会开放，当前新冠肺炎疫情的影响不会改变出境

旅游向好的势头。

如果世界范围内疫情防控形势快速向好，出境旅游市场有望在今冬明春逐步恢复，如果不是这样，停滞状态就会延续更长的时间。

二、相向而行的意愿和更积极的行动

出境游客的消费行为特征和对目的地满意度的看法依然在相当程度上决定了目的地的竞争力强弱。无论境外目的地，还是市场主体，或者是其他相关方，都存在着有所作为的空间。

更需要各方拉手不放手。在相关领域保持密切沟通，分享经验，及时回应彼此关切。从客源地、目的地到市场主体，都应该更多聚焦共同关注，聚力市场复苏发展，相向而行。

积极谨慎地探讨小范围易调控的跨境安全旅游可能性。这些条件可以为有成熟的联防联控机制、相互间病例"零输出"记录、互为重要的客源地和目的地、有充足的接待能力等。通过综合评估疫情防控阶段和形势、安全保障能力、客源产出能力和产业接待能力等关键因素，构建严密的防控体系和完善预案，逐步开展可控、可调、可扩展的跨境旅游活动。

在市场推广和产品开发方面持续创新。中国国内旅游市场正在加速复苏，也表现出偏爱安全、健康产品的特征。国内旅游市场的消费偏好有可能传递到未来的出境旅游市场。安全、健康和品质将会受到普遍关注和重视。在此期间，具有较强竞争力和较大影响力的国内目的地和高端旅游产品，在相当程度上会产生替代效应，影响一些出境目的地和类似出境旅游产品的吸引力。从这个意义上讲，未来的中国出境市场会对目的地和旅游产品更挑剔，更加偏好高品质的产品供给。

这就需要市场主体根据我国和世界防控疫情的形势以及游客心智模式的变化，合理规划疫中、疫后等不同阶段的推广重点和对应的产品供给策略。重点推广安全性高、满意度高和吸引力高的境外目的地，以及系列特色出境旅游产品。

将出境旅游的安全和健康风险降到最低限度的同时，尽可能地保障出境旅游的便利性。适当的技术引入是保障出境旅游正常开展的重要方面。如果要确保客源地和目的地间实施和取消旅行限制的决定与国内国际的局势相匹配，并确保旅行者的安全，就有必要寻求 5G、人工智能等先进技术的支撑。因此，需要呼吁国际社会更多地鼓励以 5G 技术为核心的旅游公共基础设施建设，确保相关方的技术协调，消除扩大 5G 技术应用的障碍，全力确保支撑性设施部署，鼓励和规划旅游行业的新技术基础。在此基础上强化以跨国旅游数据共享、旅游场景切换、数字化旅游生态构建和安全健康旅行等为代表的底层器件构建，并推动数字化与其他因素叠加，搭建跨境无缝安全旅行的交流合作平台。也要同时鼓励新技术公共基础设施支撑下的旅游新模式探索，明确涵盖 5G、4K、IoT、虚拟现实和区块链在内的旅游领域技术创新提升方向。

附录一
出境游游客目的地消费行为特征

一、出境游游客人口统计特征小幅度波动

经调查发现：2019年，我国出境游客的性别比例出现男性高于女性比例的新趋势，性别占比差距呈现扩大趋势；中青年出境游客居多，25~44岁年龄段人数所占比例高达60.35%。大学本科和大学专科学历的出境游客人数比例最高，合计约67.1%，出境游客呈现学历升高趋势。来自科学研究、技术服务和地质勘查业的出境游客所占比例最高，为14.93%。个人月收入在5001~10 000元比例最高，为51.87%，从2018年3001~5000元的个人收入提高至5001~10 000元。城镇居民是出境游的主要群体；北上广仍是出境旅游的主要客源地。

（一）男性出境游客比例高于女性，性别比例差距出现逐渐扩大

2019年，男性出境游客的比例为56.41%，女性比例为43.59%，近年来首次出现男性比例高于女性比例的现象，出境游游客性别比例差距为12.82%，该比例差距明显高于2018年5.65%的出境游游客性别比例差距。2020上半年，男性出境游客的比例为61.25%，女性比例为38.26%，性别比例差距为22.99%；2020上半年与2019年相比，出境游客的男女性别比例差距扩大到10.17%。

（二）出境游客主要集中在25~34岁，出境游群体年轻化趋势明显

2019年，85后到95前年龄段的群体（25~34岁）的出境游客最多，占总样本的54.95%，35~44岁的出境游客占比为27.57%。2020上半年，25岁~34岁的出境游游客占比最多，为60%，其次是35~44岁的出境游客，占比为17.5%；总体来看，被调查者年龄大都分布在25~44岁的中青年群体较多。而且，以上两个年龄段占比均有增大趋势（见附图1-1）。

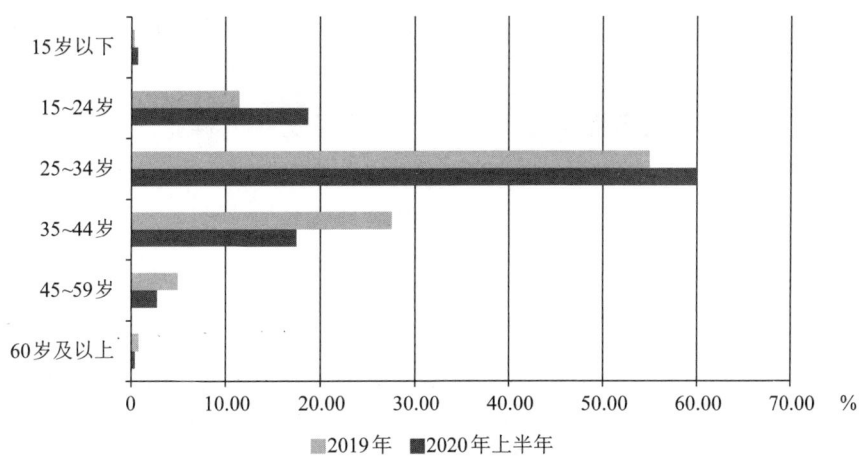

附图1-1 2019年与2020年上半年中国内地受访出境游客各年龄段占比分布

(三)出境游人群的学历为大学本科为主,呈现出境游客学历升高趋势

经调研发现,2019年,大学本科学历者占比最高,达总样本的43.24%,其次是大学专科学历占比为26.93%,高中/中专/技校学历占比为20.46%,硕士及以上学历占比为6.34%,初中和小学及小学以下较少,占比分别仅为2.71%和0.32%。2020上半年,大学本科学历出境游群体占比最高,为46.65%,其次是大学专科学历占比为26.05%,高中/中专/技校学历占比为16.33%,硕士及以上学历占比为8.20%,初中和小学及小学以下较少,占比分别仅为2.43%和0.37%。由附图1-2可知,中国出境游客呈现学历升高的趋势。

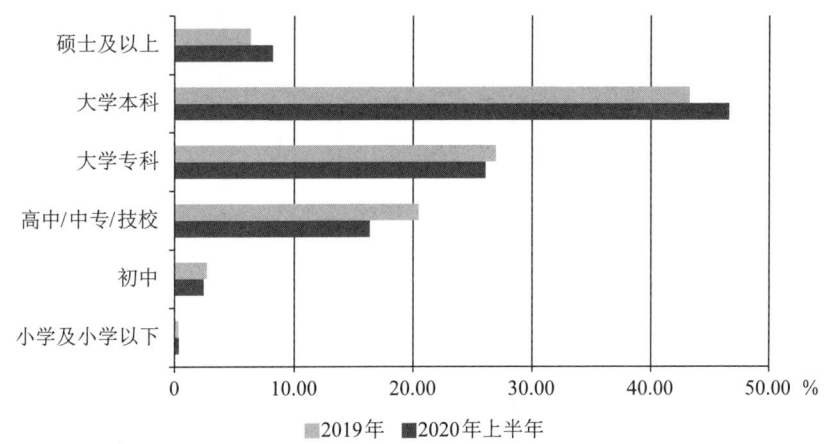

附图1-2 2019年与2020年上半年中国内地受访出境游客学历分布

(四)职业覆盖面广泛,出境人群职业集中在科学研究、技术服务和地质勘查业

受访者所从事的行业覆盖面非常广,几乎涵盖各个行业的人员,2019年,出境游客职业占比前七类中的分布发生了结构性变化。其中,科学研究、技术服务和地质勘查业,制造业,水利、环境和公共设施管理业,教育,学生,居民服务和其他服务业,信息传输、计算机服务和软件业人员从业人员居多,占比分别是14.93%、11.94%、9.18%、8.63%、8.34%、6.93%和5.14%(见附图1-3)。

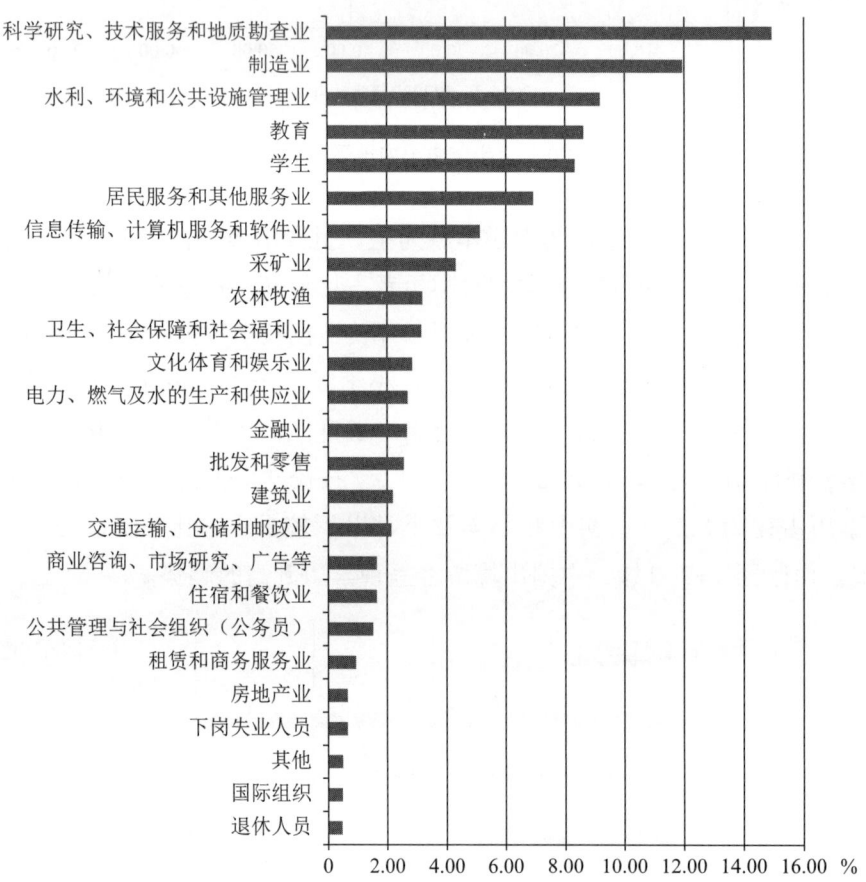

附图1-3 2019年中国内地受访出境游客职业分布

(五)收入在5001~10 000元的受访人群为出境游主体人群

2019年,被调查者税前每月收入主要集中在5001~10 000元,占比为51.87%。其中收入为5001~8000元出境游客占比最高,为29.58%。其次,

收入为 8001~10 000 元的游客占 22.29%，3001~5000 元的游客占 19.26%，10 001~20 000 元的游客占 12.70%，20 001 万以上占 5.61%，无收入游客占 2.11%，1000 元以下的游客占比最少为 1.96%。

2020 年上半年，收入为 5001~8000 元出境游客占比仍然最高，为 29.79%，其次，收入为 8001~10000 元的游客占 20.43%，3001~5000 元的游客占 19.81%，10 001~20 000 元的游客占 11.12%，20 001 万以上占 4.93%，1000 元以下的游客占比为 3.19%，无收入游客最少，占 2.68%。

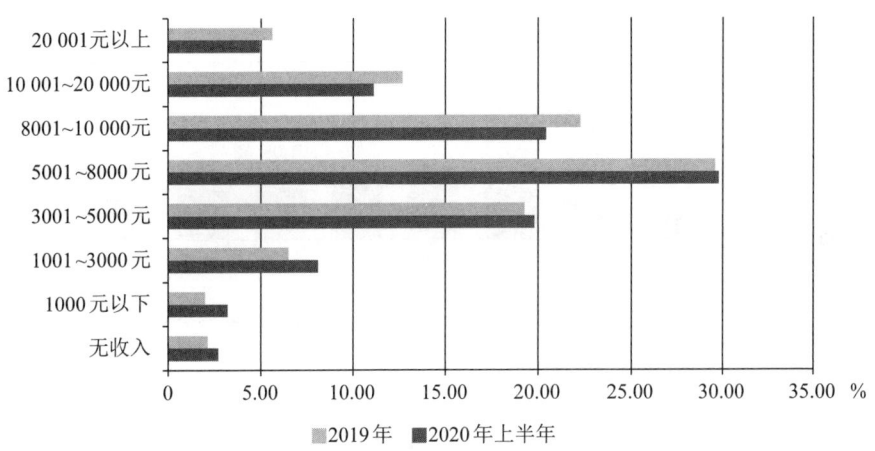

附图 1-4　2019 年与 2020 年上半年中国内地受访出境游客个人税前月收入分布

（六）城镇居民是出境游的主要群体

在出境游客分布城乡区域占比中，城镇游客占比显著高于农村游客占比，城镇游客占比为 75.48%，农村游客占比 24.52%。

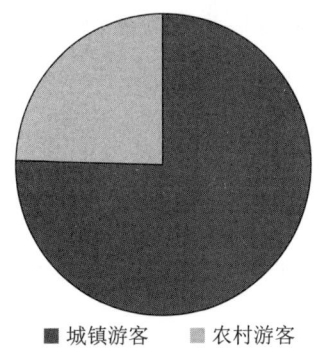

附图 1-5　2019 年中国内地受访出境游客所在城乡区域分布

（七）北上广仍是出境游的主要客源地

2019年，我国出境游游客客源地排名前八名的城市是北京、上海、广州、杭州、重庆、成都、西安、沈阳，在出境游游客中所占比例依次为占比5.50%、3.87%、2.22%、1.27%、1.06%、1.06%、0.83%和0.69%。

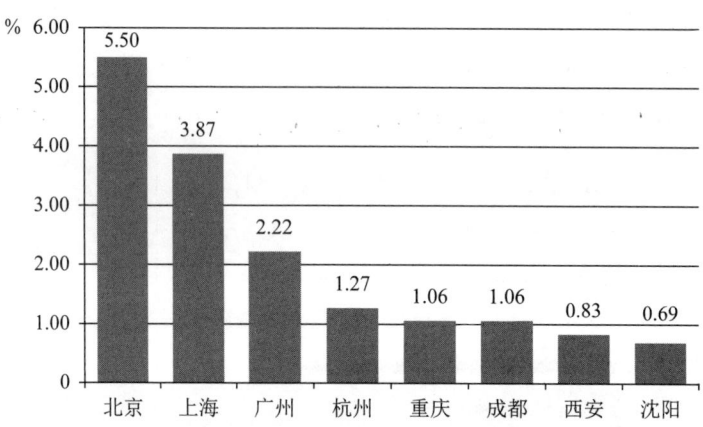

附图1-6　2019年中国内地受访出境游客所在省份分布

二、出境游游客消费决策影响因素

经调查结果显示，以游览/观光和休闲度假为出境游目的的游客居多，占总样本的83.46%；亲朋好友介绍、网络和书籍是出境游信息获取的主要渠道，占比均在46.75%；游客在出境旅游前搜索的信息以景区（点）为主，占比为54.62%。

（一）以游览/观光和休闲度假为出境游目的游客居多

从游客出游目的来看，在我国出境游中，以休闲/度假和游览/观光的出游目的游客居多，分别占比48.04%和35.42%。其次，探亲访友游客占比为6.84%，商务类游客占比为3.21%，文体/教育/科技交流类游客占比3.10%，参加会议的游客占比为1.45%，宗教/朝拜的游客占比为1.19%，以医疗健康为目的的游客占比为0.59%，其他类型游客占比0.16%。

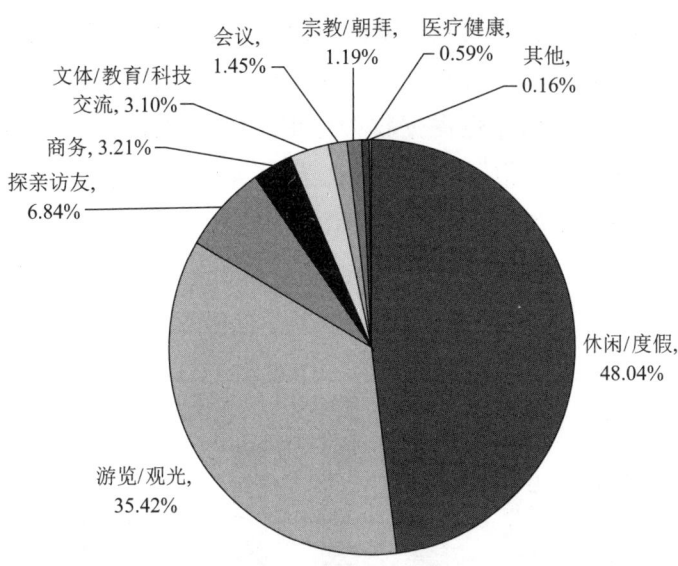

附图 1-7　2019 年中国内地受访出境游客出游目的分布

（二）亲朋好友介绍、网络和书籍是出境游客主要的信息主要来源渠道

出境游游客的出游信息主要来源亲朋好友介绍、网站/BBS/论坛和报纸/杂志/书籍分别占比为 46.75%、43.41% 和 40.49%。其他来源的渠道分别是电视/广播、到旅行社咨询、户外广告、旅游地自己的推广活动和其他渠道分别占比 22.22%、19.09%、15.07%、10.44% 和 0.38%

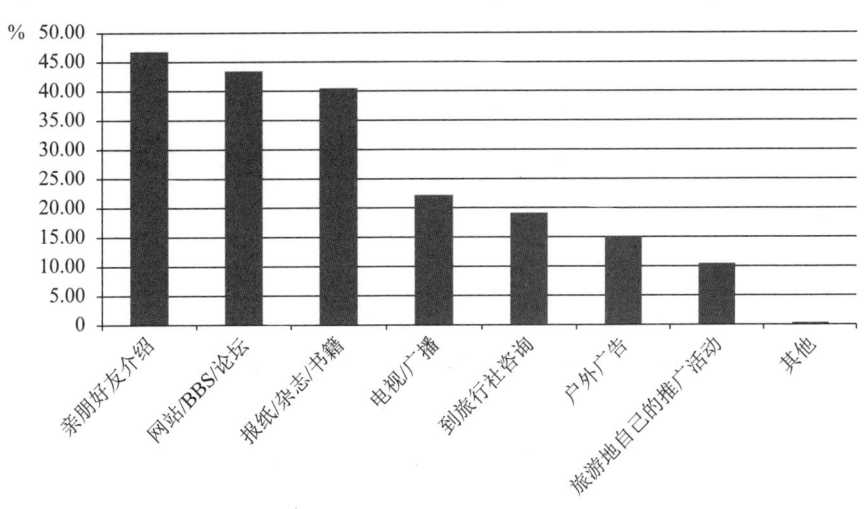

附图 1-8　2019 年中国内地受访者出境游信息来源

（三）出境游客出游前主要查找景区、价格、交通和住宿信息

游客在出境旅游前搜索的信息以景区（点）为主，占比为 54.62%。其次，旅游价格、交通和住宿信息也占据较大比重，依次占比为 47.75%、44.86% 和 36.77%。最后，旅游地民俗风情信息占比为 26.49%，特色购物街区信息占比为 12.85%，娱乐信息占比为 6.44%，其他信息占比 0.10%。

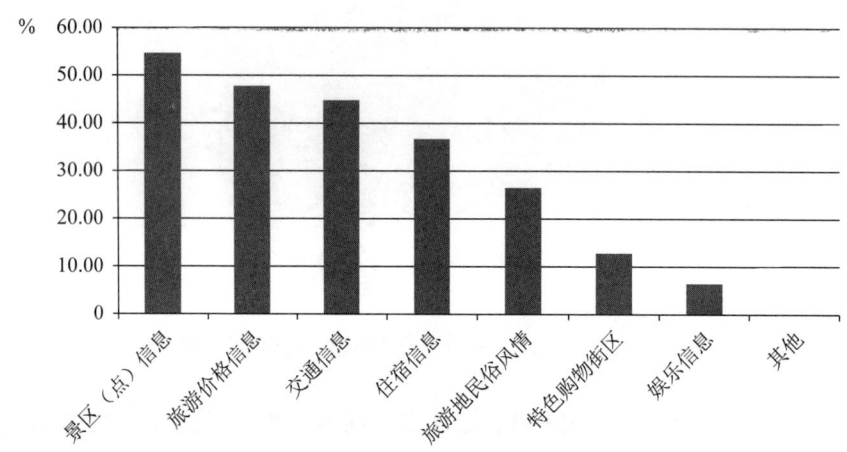

附图 1-9　2019 年中国内地受访者出游前了解的信息

三、出境游游客消费决策特征

出境游客大都是和家人或朋友一起结伴而行；多数出境游客倾向于前往 2 座境外城市，花费 4~7 天，参观 3~5 个旅游景点，一年内安排 2~3 次出境游；多数愿意通过旅行社安排境外旅游活动的游客，在选择旅行社时游客更重视旅行社的知名度和朋友推荐；中国游客在选择境外住宿酒店时青睐于中等价位酒店，火车和飞机是出境游客选择的主要交通工具。

（一）出境游客偏好与家人、好友结伴出游

出境游客大多和家人一起境外旅游，占受访者总数的 46.85%。和好友结伴出境游游客也比较多，占 24.83%，公司、班级、社团等集体出游的出境游游客占比 15.95%，以上三类出境游游客数量明显多于其他出境游类型。

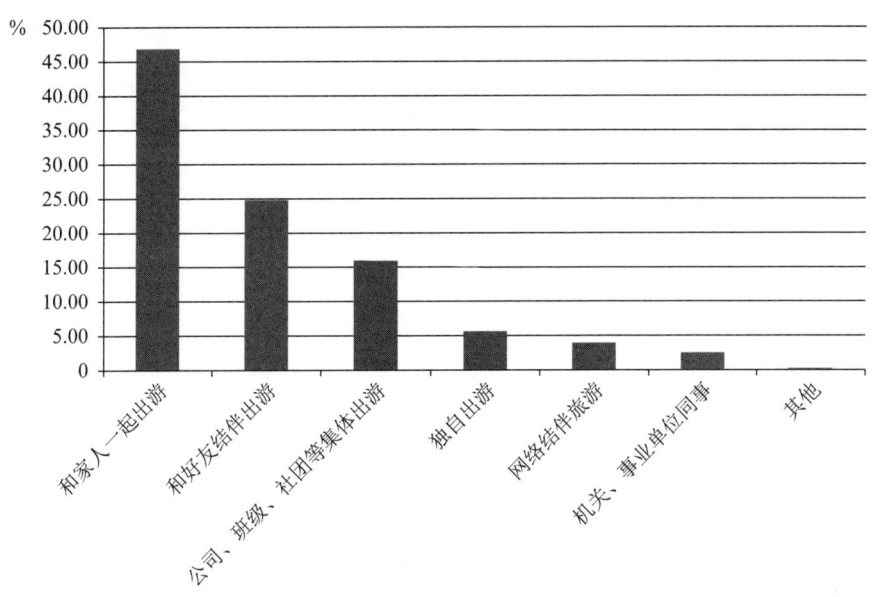

附图1-10　2019年中国内地受访出境游客境外出游同伴

（二）出境游客的旅游城市选择数量集中在2座

62.09%的游客选择2座境外旅游城市作为旅游目的地。其次，选择3座旅游城市的游客占比33.61%，而选择4座、5座和1座城市作为旅游目的地的出境游客占比由高到低分别为2.88%、1.06%和0.36%。

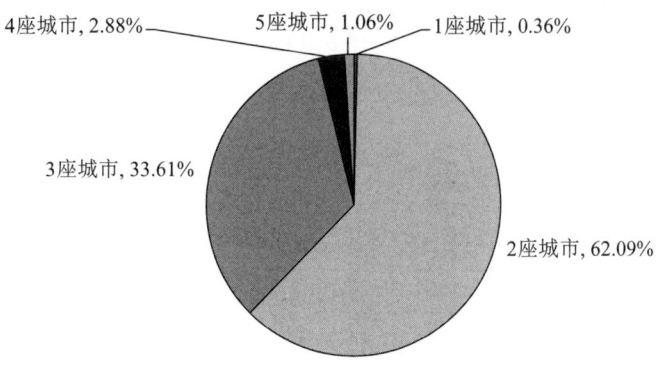

附图1-11　2019年中国内地受访出境游客线路选择影响因素分布

（三）大多数出境游客在旅行中更倾向于花费 4~7 天，参观 3~5 个旅游景点，一年内安排 2~3 次出境游

在旅行花费时间方面，受访人群中愿意花费 4~7 天的游客居多，占比为 42.79%；其次，花费 2~3 天的游客占比 35.46%；花费 1 周 ~2 周的游客占比 14.18%；当天往返占比为 3.72%。在旅行中参观景点的数量方面，出境游客参观时最愿意参观 3~5 个景点，占比为 57.15%；其次，参观 1~2 个景点的游客占比为 22.3%；参观 6~9 个景点的游客占比 16.02%。在游客出境旅游的次数方面，36.38% 受访游客每年安排 2 次出境游，安排 3 次出境游的游客占比为 35.25%。4 次出境游占 12.09%，1 次出境游占比 9.49%，5 次出境游占 3.03%，5 次以上出境游占 3.75%。

（四）参加旅行社出境游客占多数

境外出游参加旅行社的游客仍占多数，所占比例达 62.87%，与 2018 年的 55.24% 相比增加了 7.63%；未参加旅行社的游客占 37.13%。这说明大多数游客对于不太熟悉的境外旅游依然倾向于通过旅行社安排出游活动。

（五）旅行社的品牌知名度和朋友推荐的重要性提升

出境游客大多通过旅行社来组织境外旅游活动，影响游客旅行社选择的因素有品牌知名度、朋友推荐、旅行网站、诚信度、收费标准、广告宣传、服务态度。其中，25.43 % 的出境游客选择品牌知名度，25.43% 选择朋友推荐，24.75% 选择旅行网站，16.15% 选择旅行社规模、15.51% 选择诚信度、8.27% 选择收费标准、7.65% 选择广告宣传和 5.09% 选择服务态度。

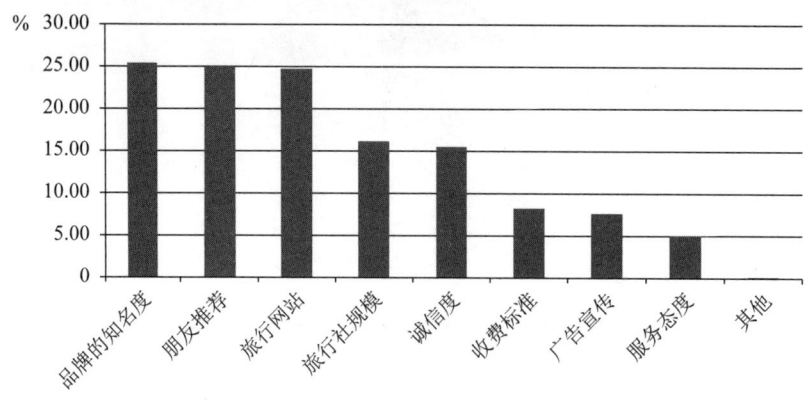

附图 1-12　2019 年中国内地受访出境游客选择旅行社的影响因素

（六）中等价位酒店仍是出境游客的主要选择

在住宿设施选择方面，游客偏向于选择中等价位酒店和经济型酒店，选择这两类住宿设施的游客分别占总样本的 42.28% 和 39.74%，与 2018 年相比基本持平。与此同时，选择住宿豪华酒店的游客占比为 10.16%，选择住在社会旅馆的游客占比为 7.19%，选择其他类型住宿设施的游客相对较少，占 0.63%。

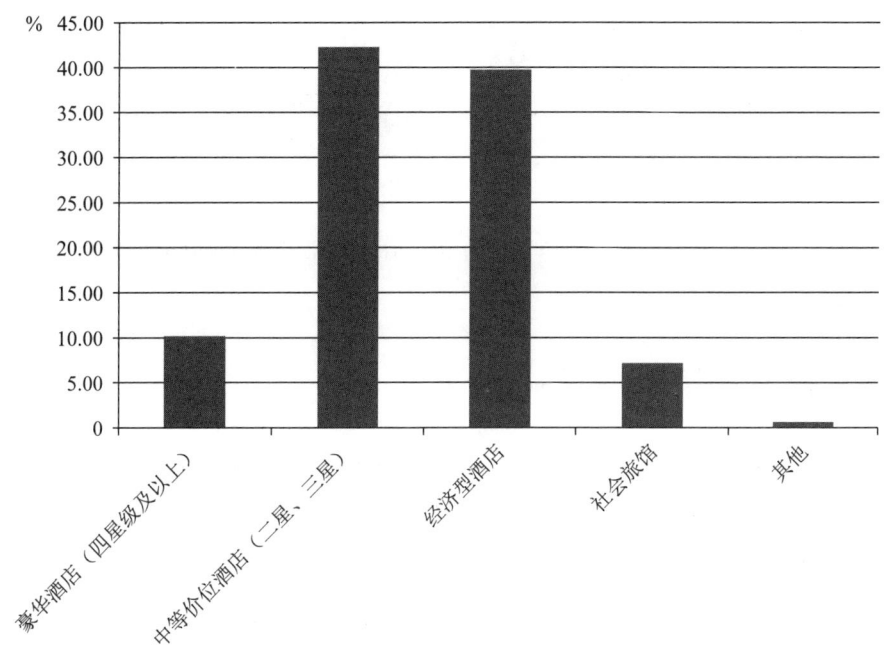

附图 1-13　2019 年中国内地受访出境游客住宿选择分布

（七）火车和飞机是出境游客主要选择的交通工具

在交通设施选择方面，出境游客偏向于选择火车和飞机，两者分别占受访出境游客的 28.94% 和 27.81%。此外，选择汽车的游客占比为 25.46%，选择自驾车的游客占比为 11.53%，选择游船、自行车/步行和其他类型交通工具的分别占比为 4.89%、1.01% 和 0.34%。

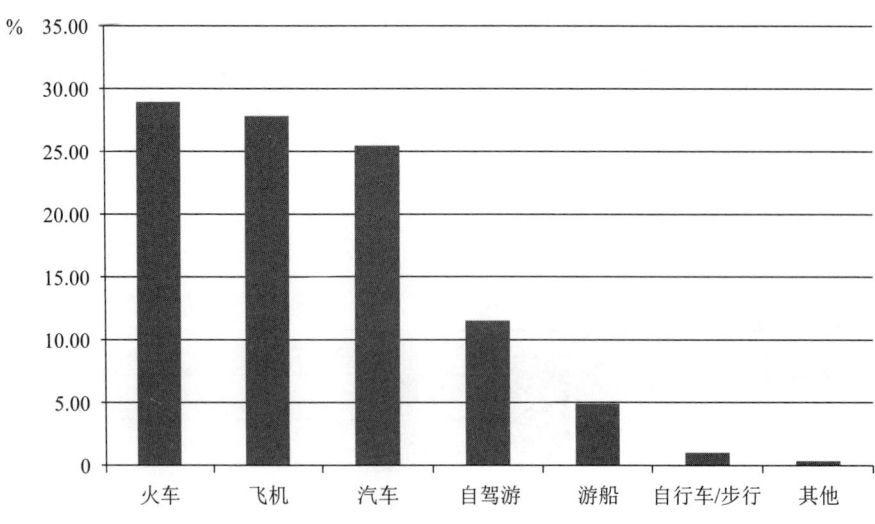

附图1-14　2019年中国内地受访出境游客交通选择分布

四、出境游游客消费结构特征

根据调查数据显示,在出境游客中,中等人均消费水平群体所占比重略高。2019年出境游客人均花费在1001~5000元占比53.85%。78.17%的出境游客出游时选择购买保险,其中,购买交通意外险比例最高,占47.19%。出境游花费的项目主要包括餐饮、购物、景点门票、交通、文化娱乐和住宿;其中,花费最高的项目由购物转变为餐饮,占总样本数的39.9%。

(一)中等人均消费群体比例占比大

中国出境旅游表现出中等消费特征,出境游人均花费在1001~5000元的受访者最多,占总样本的53.85%。其次,境外游客的人均消费在501~1000元和3001~5000元的占比分别是16.49%和15.69%;而人均花费在500元以下、5001~10 000元及10 001以上的受访者仅占3.25%、7.34%和3.38%。

附录一　出境游游客目的地消费行为特征
Appendix I Characteristics of Behavior of Outbound Tourists

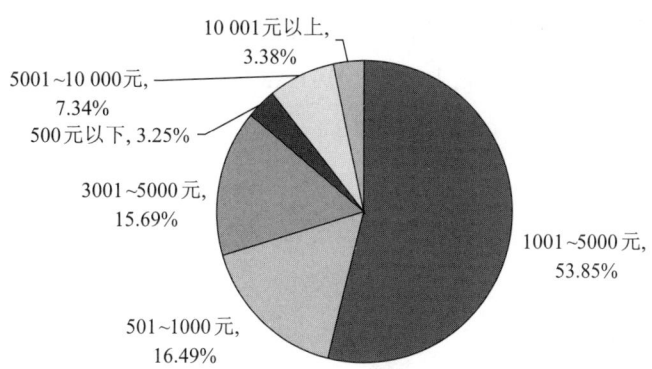

附图1-15　2019年中国内地受访出境游客境外出游人均花费分布

（二）多数境外游客认可购买保险的必要性

选择购买保险的出境游游客占比为78.17%，未购买保险的出境游客占比为21.83%。在出境游客中，购买交通意外险比例最高，占47.19%，购买航空意外险占22.14%，旅游意外险占42.95%，一般意外险占22.02%，旅游救助险占11.09%、旅行社责任险占8.14%。

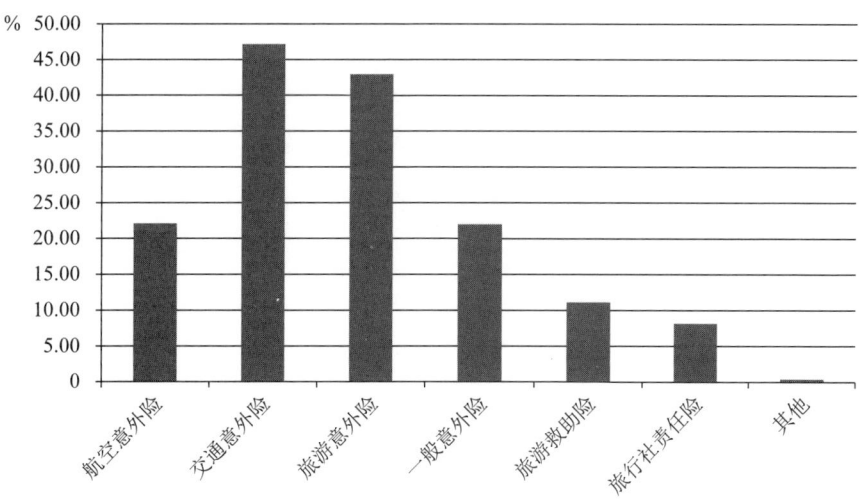

附图1-16　2019年中国内地受访出境游客购买保险项目分布

（三）餐饮成为境外旅游的最重要项目

在出境游游客中，选择餐饮项目的受访者最多，占总样本数的24.55%；选择购物的游客占比为 20.20%，选择景点门票花费的游客占 19.79%，交通、住宿和文化娱乐的花费项目占比依次为 15.37%、10.7% 和 9.90%，其他占比 0.13%。

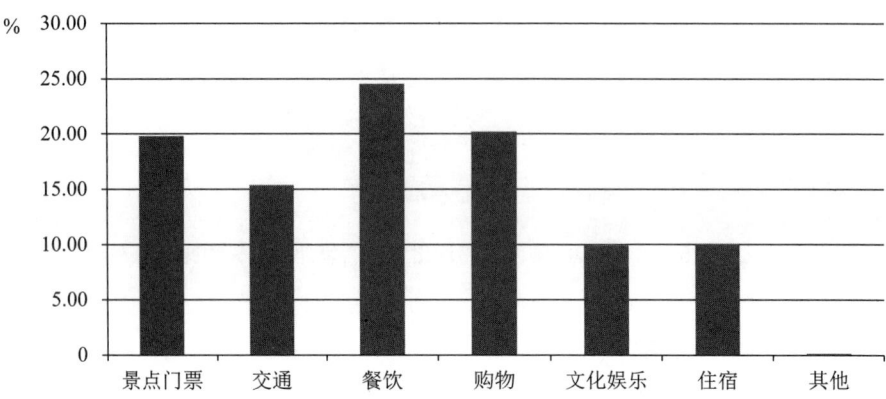

附图 1-17　2019 年中国内地受访出境游客各消费项目选择占比分布

附录二
主要目的地消费特征

一、中国香港

(一)内地游客统计信息

2019年,内地赴港游客人数平稳增长,1、5月份为旅游高峰期。

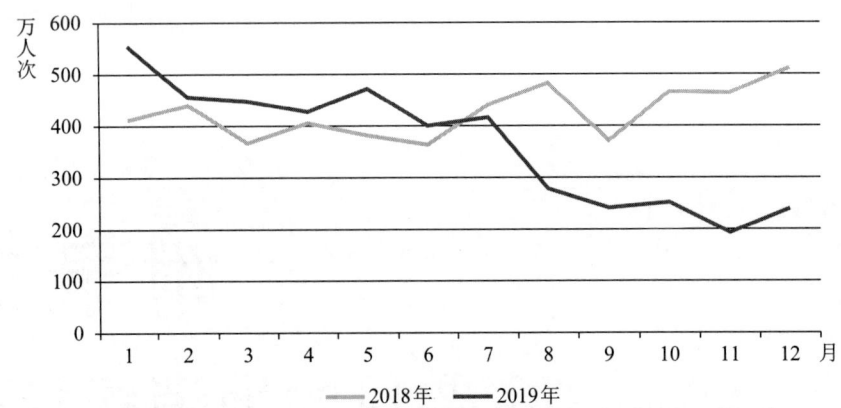

附图2-1 2018年与2019年中国内地赴香港旅游人次及变化情况

资料来源:香港旅游发展局。

(二)内地赴香港游客人口特征统计

1. 性别

2019年,内地赴香港旅游的游客中有39%为男性,61%为女性,性别比例与2018年基本持平。

2. 年龄

2019年,26~45岁的中青年群体仍是内地赴港旅游的主力军,年龄比例与2018年基本持平。

附录二　主要目的地消费特征
Appendix II　Consumption Characteristics of Main Destinations

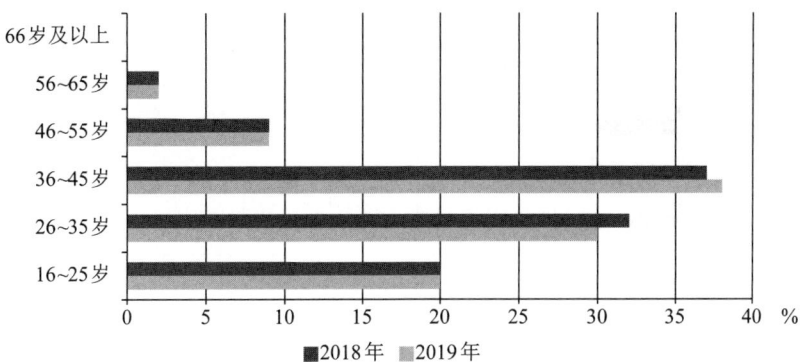

附图 2-2　2018 年和 2019 年中国内地赴香港游客年龄分布

资料来源：香港旅游发展局。

3. 婚姻状况

2019 年，内地赴港的游客中 58% 为已婚，与 2018 年 60% 相比缓慢下降。

4. 职业

2019 年，内地赴港的游客中在职人士占比最高，为 77%。其次为学生与家庭主妇，占比分别为 10% 和 5%。

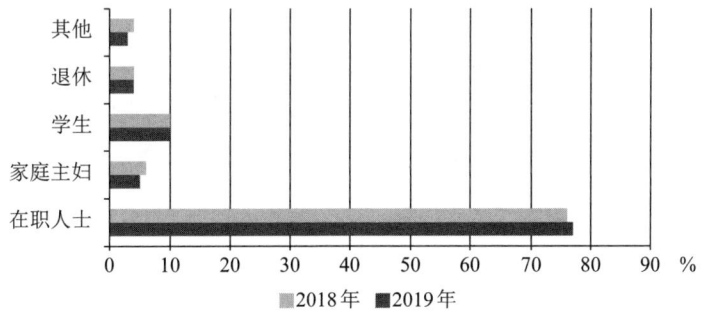

附图 2-3　2018 年与 2019 年中国内地赴香港游客职业分布

资料来源：香港旅游发展局。

（三）内地游客赴香港旅游决策影响因素

度假为中国内地游客访港的主要目的。

91

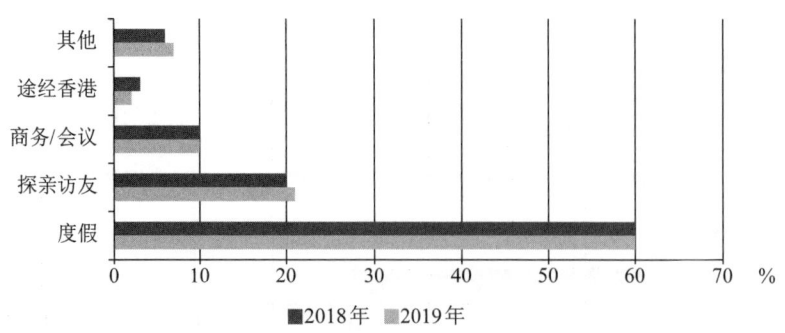

附图 2-4 2018 年和 2019 年中国内地赴香港旅游目的分布

资料来源：香港旅游发展局。

首次访港旅客占比略降，内地游客赴香港重游率高。2019 年，首次访港的内地入境过夜游客占 14%，比 2018 年相比略微下降，86% 的入境过夜游客是两次及两次以上访港。

（四）内地游客访港消费决策特征

内地游客在港停留时间相对较长。2018 年，内地游客在港平均停留时间为 3 晚，与 2019 年的停留时间 3.3 晚相差无几，略高于其他近程客源国市场游客的停留时间。

（五）内地游客消费结构特征

2019 年过夜游客的花费项目主要为购物，占总花费的 57.1%。但与 2018 年相比，购物花费占比下降，住宿、参与、娱乐等项目花费占比有所增加。

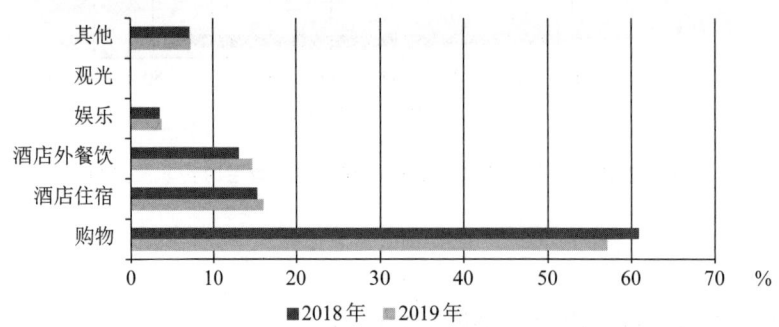

附图 2-5 2018 年和 2019 年中国内地过夜游客在港消费结构

资料来源：香港旅游发展局。

附录二 主要目的地消费特征
Appendix II Consumption Characteristics of Main Destinations

内地游客购买的主要商品为化妆品、香水、食品、衣服等物品。

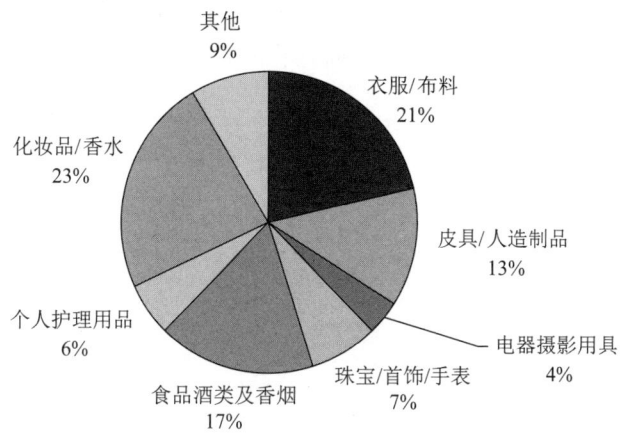

附图2-6 2019年中国内地游客在港单项消费情况

资料来源：香港旅游发展局。

2019年，各类消费较2018年有所上升。2019年中国内地游客在港消费的单项产品中，化妆品/香水、食品/酒类及香烟、衣服/布料所占比重最大。

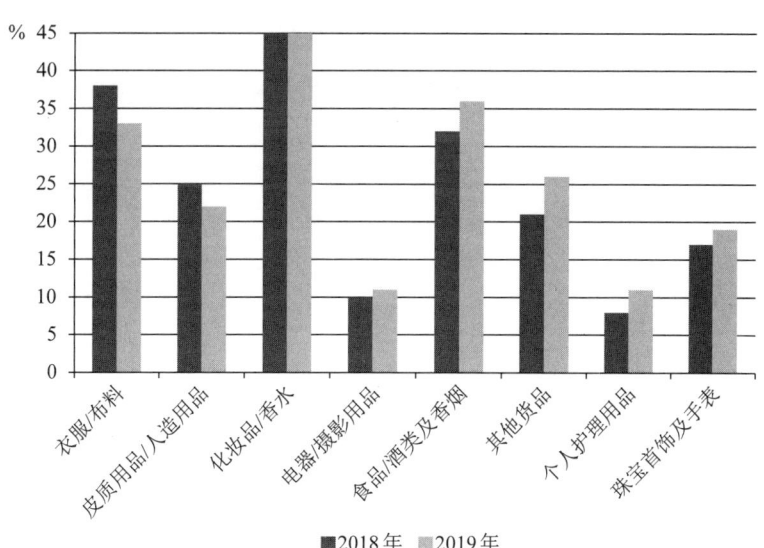

附图2-7 2018年与2019年中国内地游客在港单项消费情况对比

资料来源：香港旅游发展局。

93

（六）内地游客满意度

2019年内地访港游客的整体满意度较2018年有明显提高。除饮食评分依然降低外，内地游客对娱乐、酒店、观光、购物等的满意度均有所提高。

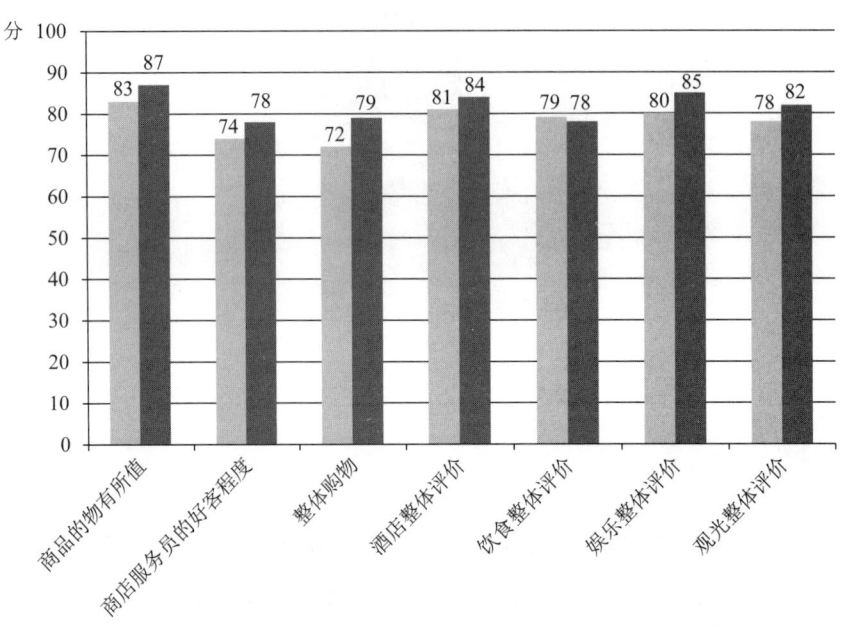

附图2-8　2018年与2019年中国内地游客赴港满意度水平（满分为100）

资料来源：香港旅游发展局。

二、中国澳门

（一）内地游客统计信息

2019年，中国内地访澳旅游市场规模稳定增长，旅游高峰集中2、7、8月等月份。

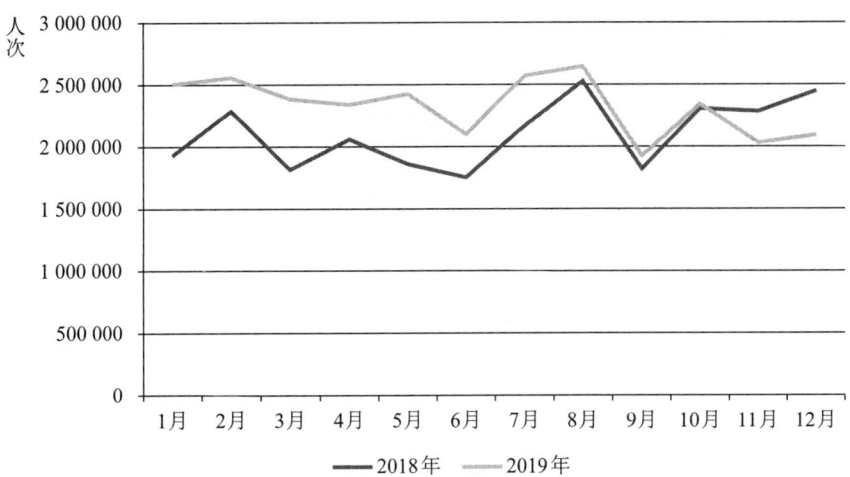

附图2-9　2018年和2019年中国内地赴澳门旅游人次

资料来源：澳门政府旅游局官方网站。

陆路交通是内地游客访澳的主要交通方式。

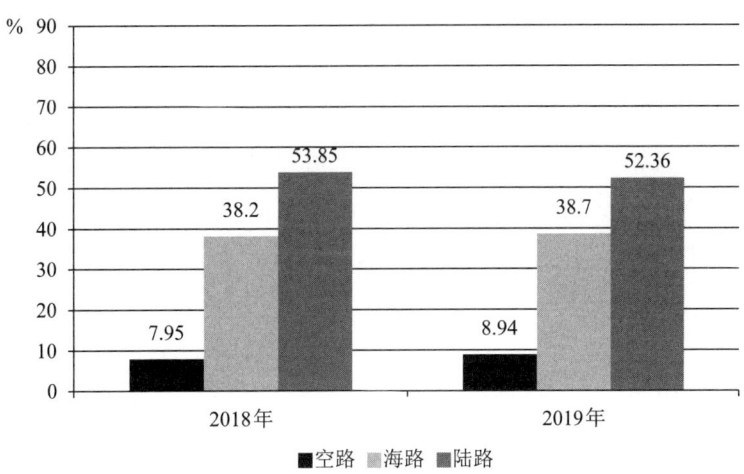

附图2-10　2018年和2019年中国内地游客赴澳门旅游交通方式情况

资料来源：澳门政府旅游局官方网站。

（二）内地访澳门游客人口特征统计

2019年约四分之一的内地访澳游客为领导或管理人员，占比最高，依次为非在职人士、技术员及辅助专业人员、文员。

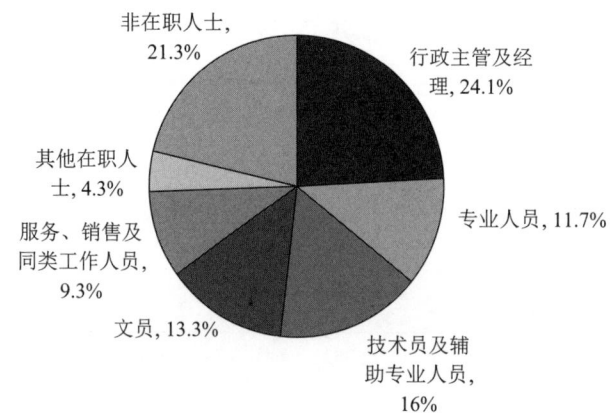

附图 2-11　2019 年中国内地赴澳门游客职业分布

资料来源：澳门政府旅游局官方网站。

（三）内地游客消费决策特征（出游目的）

按旅客来澳主要目的统计，内地旅客中有 58.3% 来澳度假，同比增加 2.1 个百分点。

（四）内地游客消费结构特征

更多游客选择高星级酒店住宿。在住宿方面，2019 年，全年内地旅客有 982.4 万人次入住酒店及公寓，比 2018 年增加 1.9%；2019 年，入住五星级酒店的住客有 521.59 万人次，同比增长 6.1%。

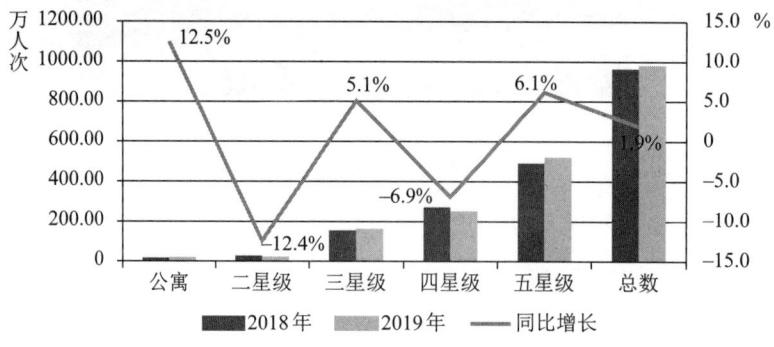

附图 2-12　2018 和 2019 年内地游客赴澳门旅游期间的住宿情况

资料来源：澳门政府旅游局官方网站整理。

附录二 主要目的地消费特征
Appendix II Consumption Characteristics of Main Destinations

2019年内地赴澳游客的消费能力有所提高，购物消费依然是主要消费项目，与2018年相比，购物消费有所上升。

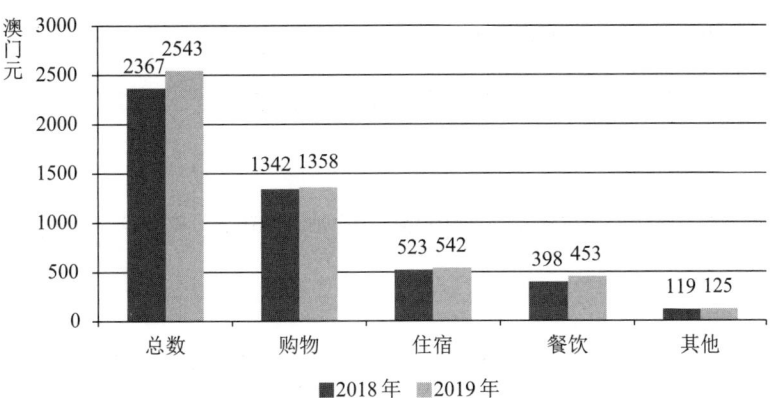

附图2-13 2018年和2019年中国内地游客在澳门旅游人均消费总体情况

资料来源：澳门政府旅游局官方网站。

化妆品/香水、手信/食品等日用生活用品是内地游客在澳门的主要购物项目。

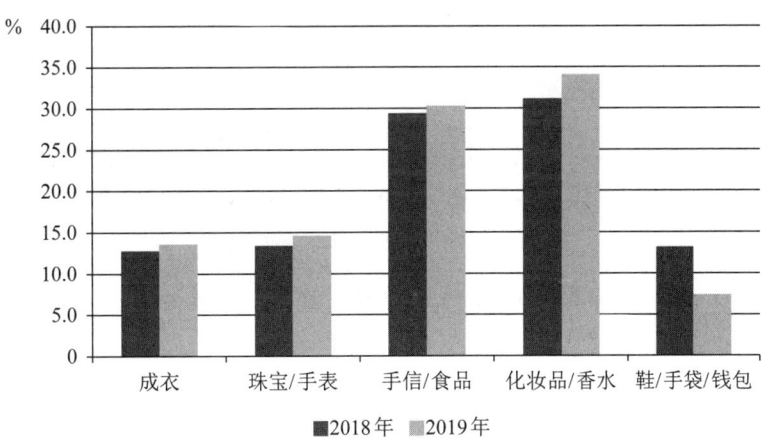

附图2-14 2018年和2019年中国内地游客在澳门购物消费情况

资料来源：澳门政府旅游局官方网站。

购物消费占赴澳门游客总消费的一半以上，且比2018年同比有所增加。

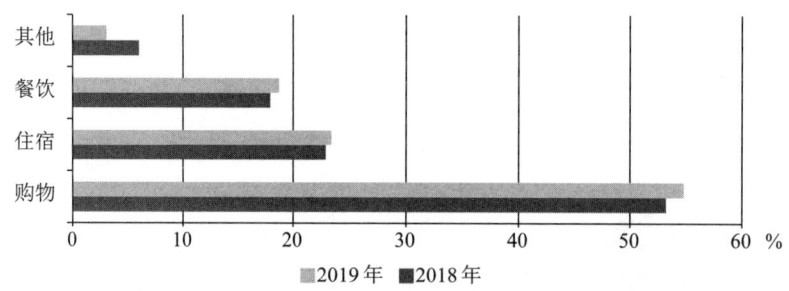

附图2-15 2018年和2019年中国内地游客在澳门单项消费情况

资料来源：澳门政府旅游局官方网站。

内地游客的满意度普遍较高，超过八成内地游客对澳门酒店、环境卫生及购物表示满意。

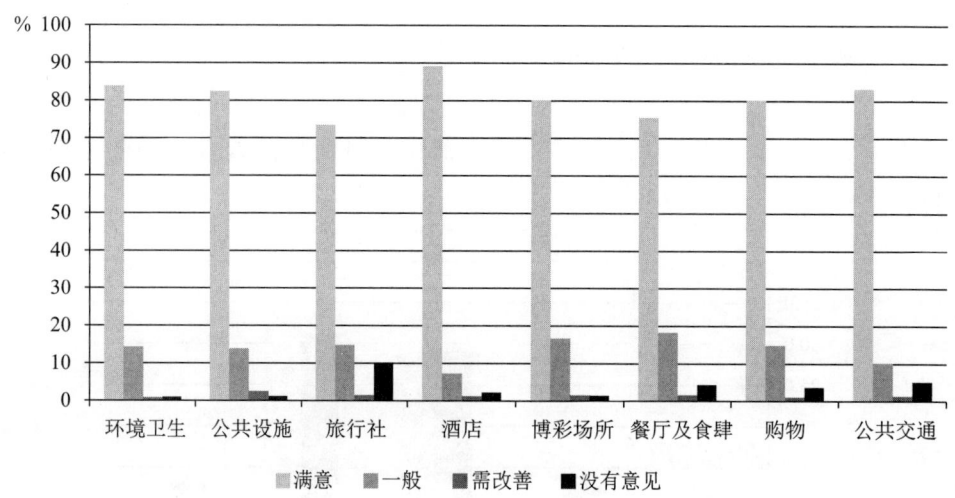

附图2-16 2019年中国内地游客对澳门旅游相关项目的评价

资料来源：澳门政府旅游局官方网站。

三、中国台湾

（一）大陆游客统计信息

2019年大陆赴台游客总量保持增长。其中，冬季是赴台旅游的高峰期。

附录二　主要目的地消费特征
Appendix II　Consumption Characteristics of Main Destinations

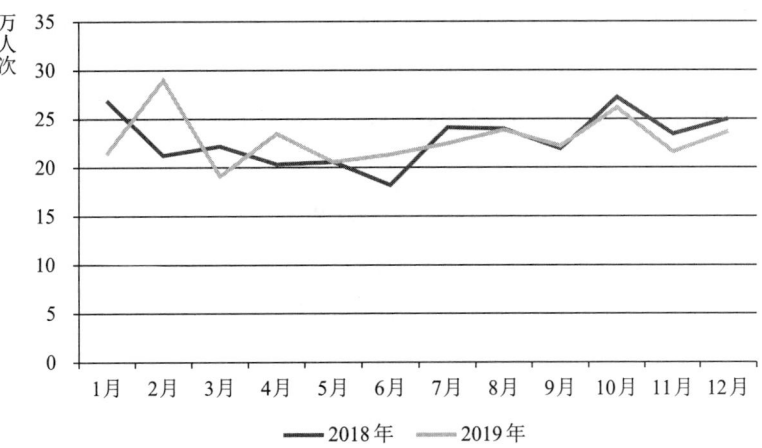

附图 2-17　2018 年与 2019 年中国大陆赴台湾旅游人次

资料来源：台湾相关部门资料整理。

（二）大陆游客人口特征统计

2019 年 1—12 月份，大陆赴台湾旅游者中 48.60% 为男性，51.40% 为女性。相比 2018 年，男性游客的比重略有增加。

（三）大陆游客赴台消费特征

观光依然是中国大陆游客访台的主要目的。

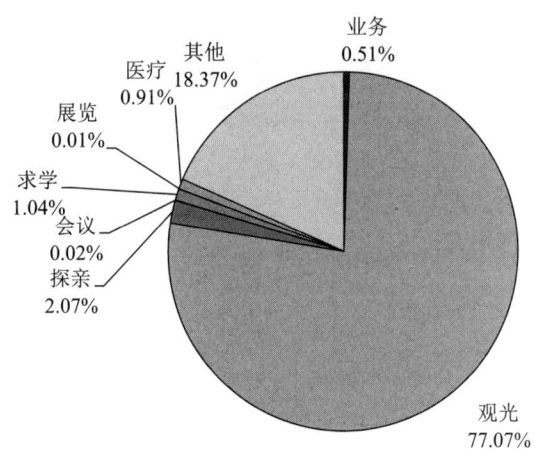

附图 2-18　2019 年中国大陆赴台湾旅游目的分布

99

2019年中国大陆赴台湾旅游游客总体消费水平略有下降。2019年赴台湾旅游大陆游客平均每人每天消费205.63美元,平均消费额与2018年同期的相比略微提高。2019年大陆赴台游客购物消费所占比重最大,占总数46%。

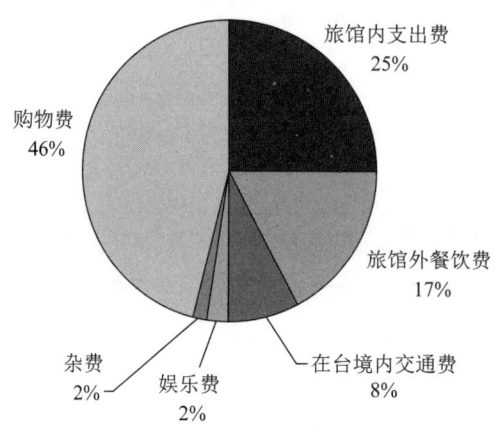

附图2-19　2019年中国大陆赴台湾游客旅游消费结构

资料来源:台湾相关部门资料整理。

珠宝玉器、特产、化妆品等为大陆游客在台湾的主要购物项目。

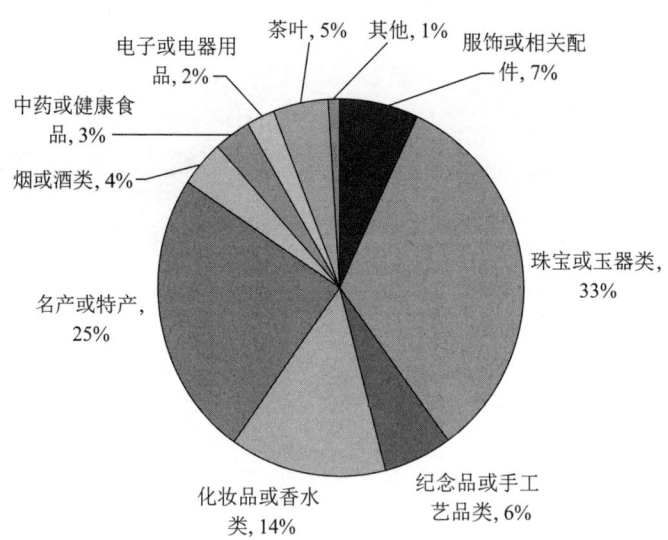

附图2-20　2019年中国大陆团队游客在台湾单项购物消费情况

资料来源:根据台湾相关部门资料整理。

附录二　主要目的地消费特征
Appendix II　Consumption Characteristics of Main Destinations

四、日本

（一）中国游客统计信息

2019年，中国赴日本旅游人次达861万人次。从季度数据来看，第三季度是中国居民赴日本旅游的高峰期。

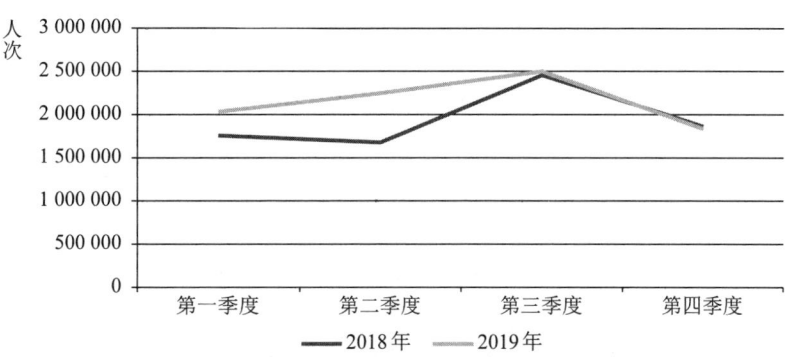

附图2-21　2018年和2019年中国赴日本旅游人次及变化情况

（二）中国游客消费决策影响因素

根据2019年全年统计数据，56.7%的中国游客是首次赴日旅游。较去年有所增长。

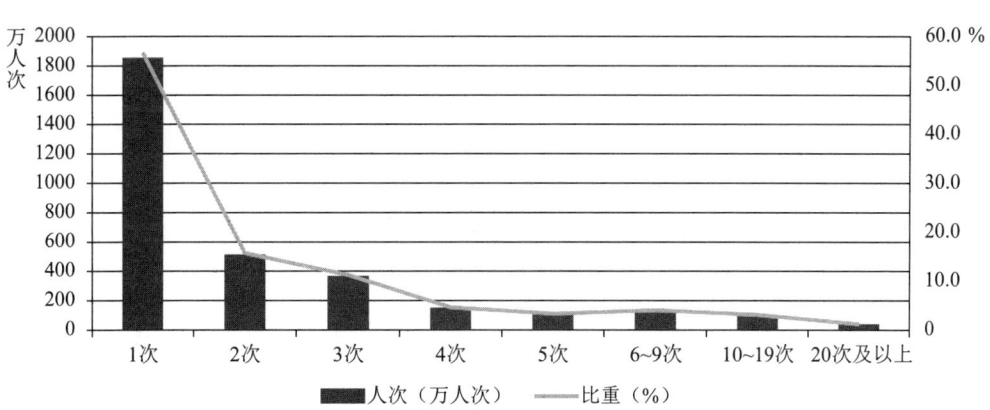

附图2-22　2019年中国游客访日次数分布

资料来源：日本政府观光局。

（三）中国游客消费决策特征

2019年中国游客选择与家庭成员出行的最多，较2018年增长了9.8个百分点。

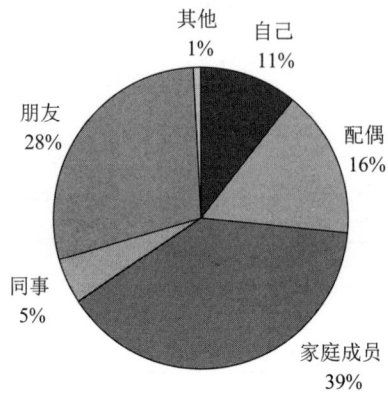

附图2-23　2019年中国游客访日结伴方式分布

资料来源：日本政府观光局。

2019年全年，中国赴日游客中30.8%选择跟团出游，14.8%选择自行安排出游，剩余54.4%为半自由行游客。

2019年，购物是中国游客赴日游的主要消费项目，占其总花费的50%。其次是住宿，占总花费21%。

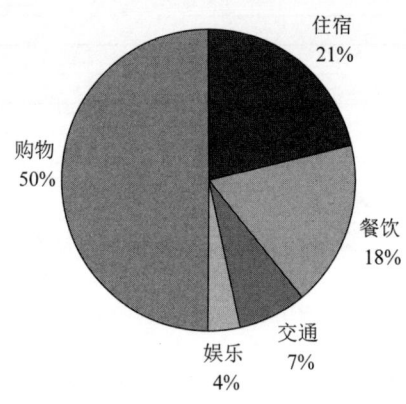

附图2-24　2019年中国游客访日旅游消费分布

资料来源：日本政府观光局。

附录二　主要目的地消费特征
Appendix II　Consumption Characteristics of Main Destinations

2019年，中国游客赴日游的主要目的是旅游休闲（78.9%）。

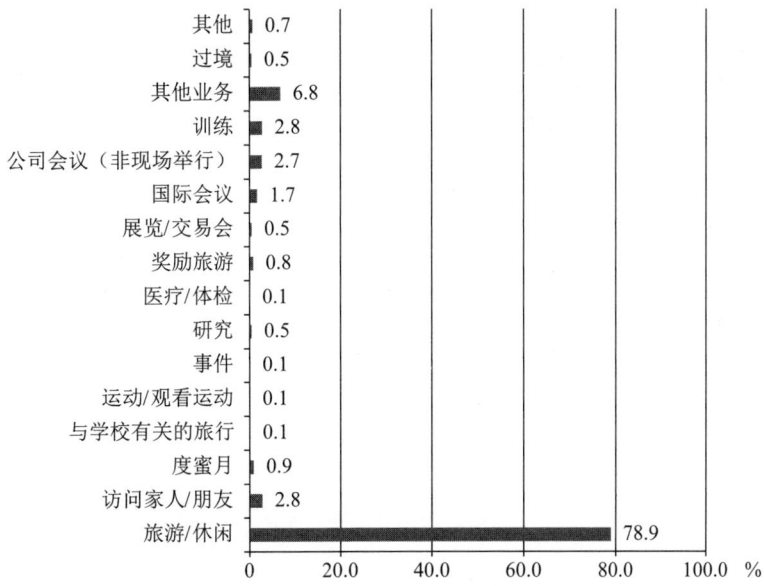

附图2-25　2019年中国游客访日目的分布

资料来源：日本政府观光局。

西式酒店依然是多数访日游客的住宿选择。

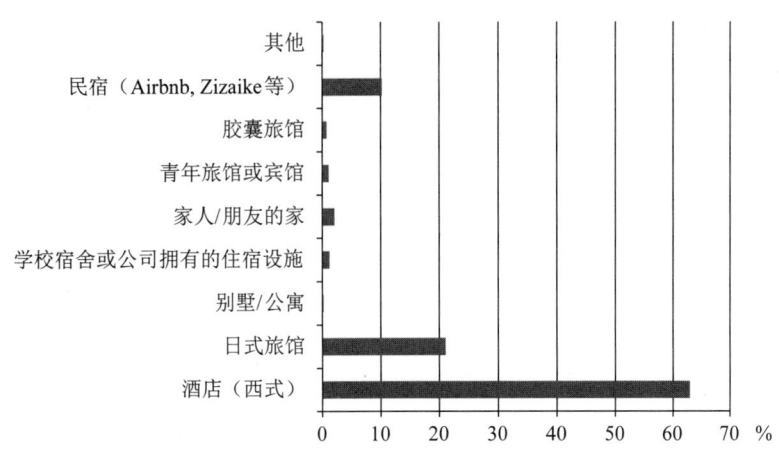

附图2-26　2019年中国访日游客住宿类型分布

资料来源：日本政府观光局。

103

2019年,56.1%中国赴日游客停留4~6天,较2018年增长2.2个百分点。

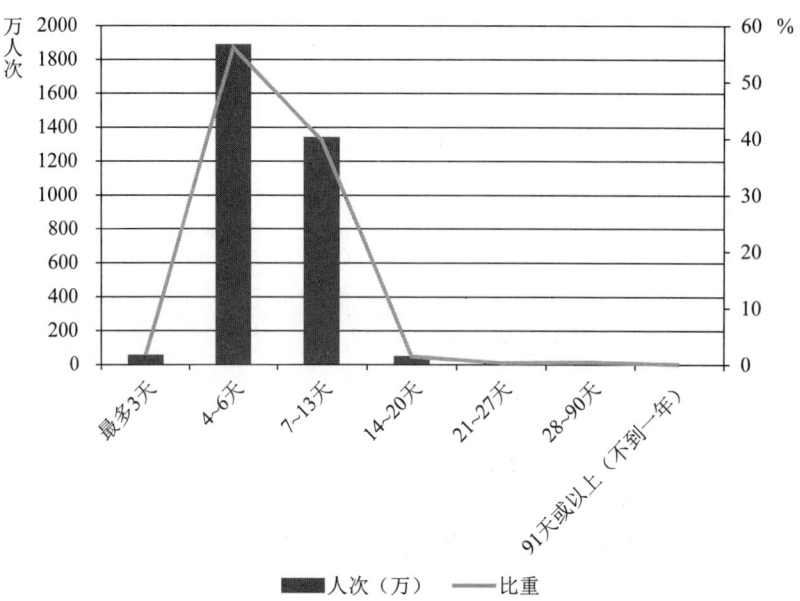

附图2-27　2019年中国访日游客停留时间长度分布

资料来源:日本政府观光局。

(四)中国游客赴日满意度分析

2019年大陆游客赴日旅游总体满意度高。

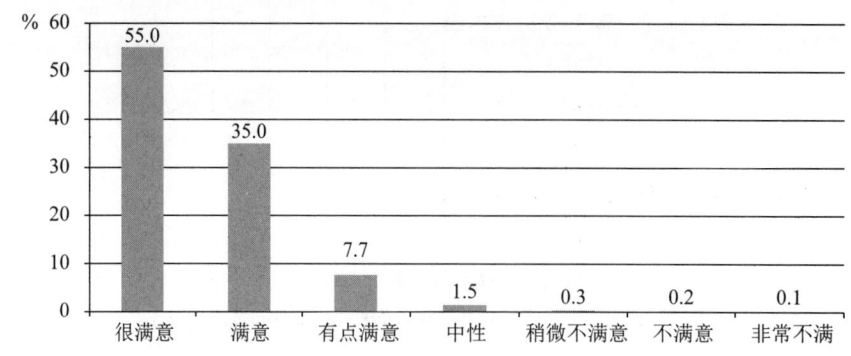

附图2-28　2019年中国游客访日总体满意度分布

资料来源:日本政府观光局。

2019年中国游客再次赴日旅游意愿强。

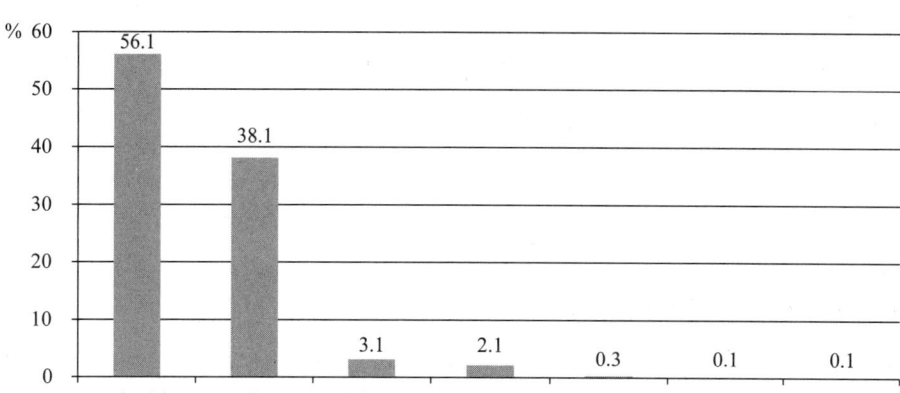

附图 2-29　2019 年中国游客访日意愿分布

资料来源：日本政府观光局。

五、美国

（一）中国游客统计信息

2019 年中国赴美旅游人数为 283 万人次，较 2018 年同比减少 5 个百分点。总体来看，中国游客赴美旅游规模先是持续增加，在 2017 年达到高峰后开始减少。

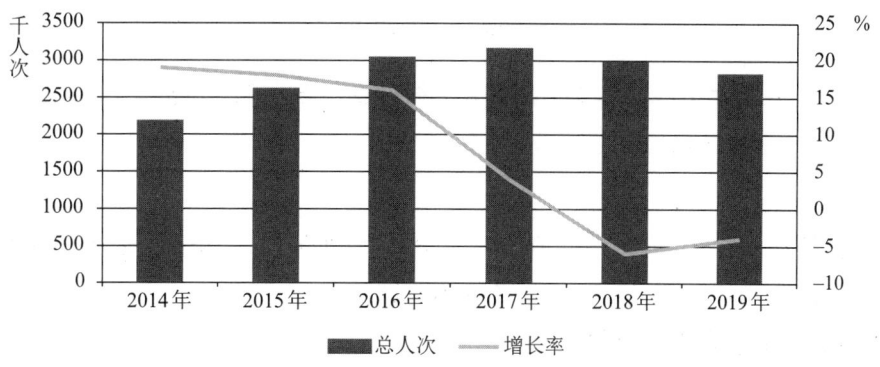

附图 2-30　2014—2019 年来中国内地及香港赴美游客人数及增长率情况

资料来源：美国商务部旅行及旅游业办公室。

（二）中国游客人文统计特征

1.性别

2019年，中国前往美国的游客性别比例中，男性占比54.2%，女性游客占比45.8%。相比2018年，女性游客比重略微增加。

2.年龄

2019年中国赴美游客中，男性游客的平均年龄为35.4岁，女性游客的平均年龄35.9岁。

（三）中国游客消费决策影响因素

2019年中国游客赴美旅行的主要目的依然是休闲度假，较2018年同期商务公务与展会/演出游客比例下降，修学旅游与探亲访友游客比例上升。

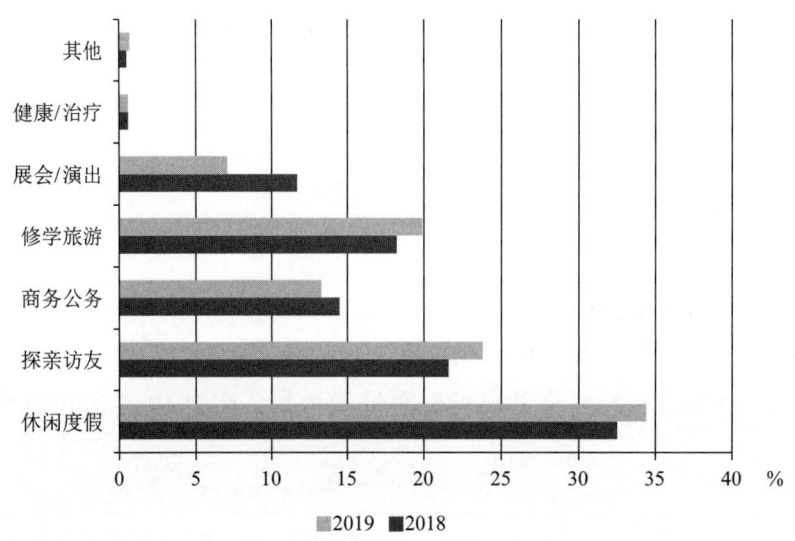

附图2-31　2018年与2019年中国游客赴美国出行目的

资料来源：美国商务部旅行及旅游业办公室。

首次赴美游客占少数。从2019年调查统计数据来看，67%的中国游客是两次或两次以上访美，第一次访美游客的比例为33%。

（四）中国游客消费决策特征

2019年，购物与观光为中国游客赴美的主要旅游项目，较2018年，购物旅游比例下降最多。

附录二 主要目的地消费特征
Appendix II Consumption Characteristics of Main Destinations

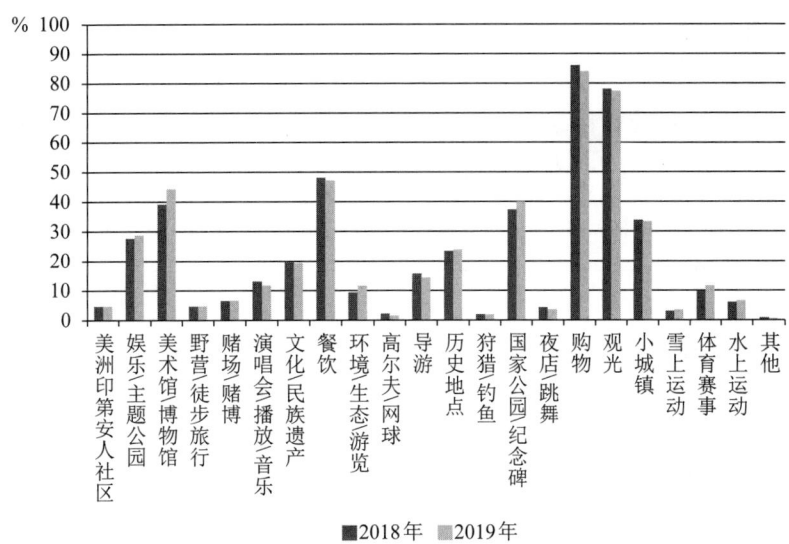

附图 2-32 2018 年与 2019 年中国游客赴美国旅游项目选择

资料来源：美国商务部旅行及旅游业办公室。

2019 年，通过航空公司和个人推荐来获得旅游信息的游客人数明显增长。

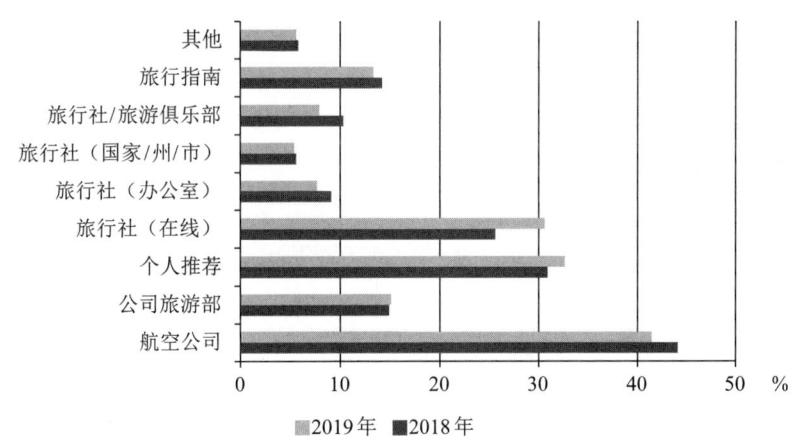

附图 2-33 2018 年与 2019 年中国游客赴美国信息来源分布

资料来源：美国商务部旅行及旅游业办公室。

六、加拿大

（一）中国游客统计信息

2019 年，7、8、12 月是中国游客赴加拿大旅游明显的高峰月份。

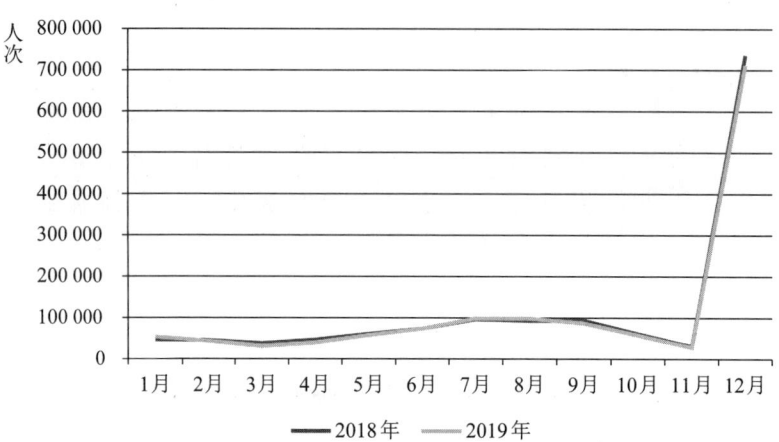

附图 2-34　2018 年和 2019 年中国赴加拿大旅游人数分布情况

资料来源：加拿大旅游局。

（二）中国游客人文统计特征

中国访问加拿大的游客主要以中青年为主，35 岁以下的游客占比超过 35%，35~44 岁的游客占 28%。

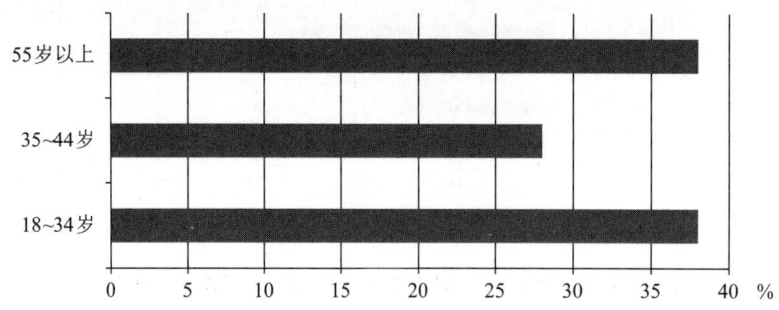

附图 2-35　2018 年中国赴加拿大游客年龄分布

资料来源：加拿大旅游局。

附录二　主要目的地消费特征
Appendix II　Consumption Characteristics of Main Destinations

（三）中国游客赴加拿大旅游决策影响因素

2018年，中国旅客的主要旅行目的为度假（65%），其次是远程商务/个人原因（13%）。

（四）中国游客赴加拿大消费特征

2018年，中国游客在加拿大旅游花费16.2亿加拿大元，比上年同比下降0.86%。中国在加拿大访问最多的是以尝试美食和饮料为目地的旅行。

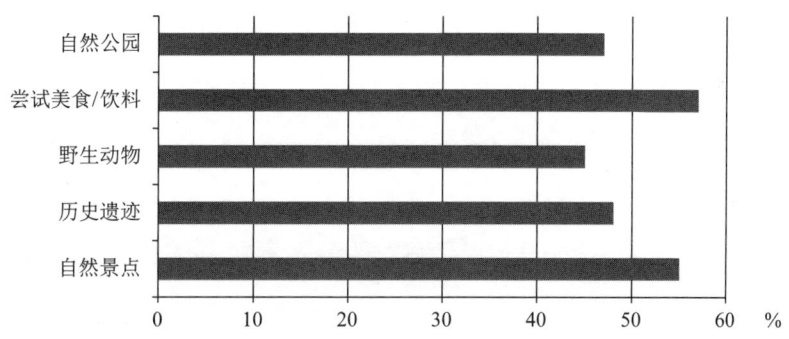

附图2-36　2018年中国游客主要参与的旅游活动

资料来源：加拿大旅游局。

2018年，中国游客主要通过英属哥伦比亚和安大略两省（分别占58%和62%）进入加拿大进行旅游活动。

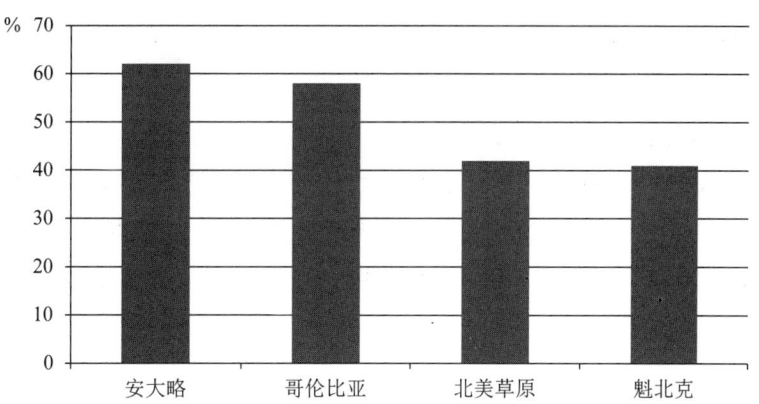

附图2-37　2018年中国游客赴加拿大旅游的首站停留地区

资料来源：加拿大旅游局。

七、南非

（一）中国游客（包括中国内地和中国香港）统计信息

截止 2018 年底，中国内地和中国香港赴南非旅游总人次为 9.71 万，较 2017 年同期减少 0.1%。从 2017 年和 2018 年月度数据来看，春节和暑假是中国游客赴南非旅游的高峰期。

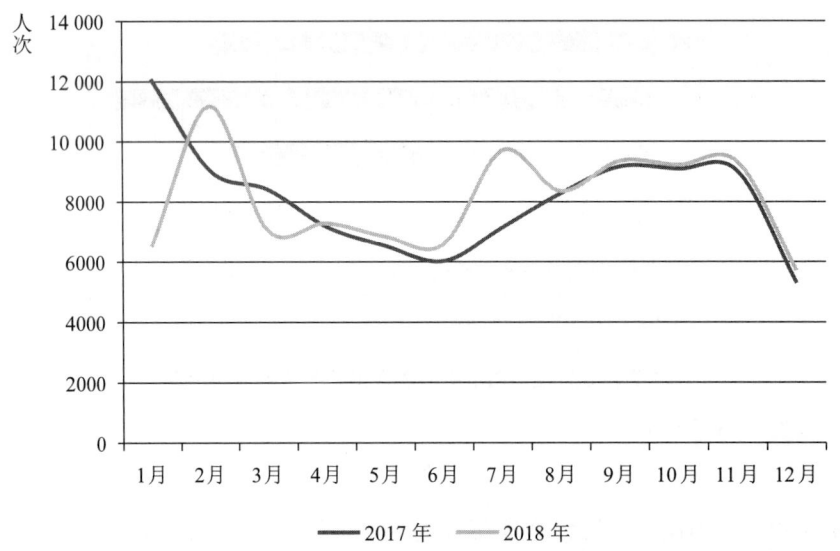

附图 2-38　2017 年和 2018 年中国游客赴南非人数分布情况

资料来源：南非国家旅游局。

（二）中国游客人文统计特征

从统计数来看，2018 年赴南非旅行的中国游客集中在 25~34 岁的年龄段。此外，18~24 岁的青年，以及 55 岁以上的老年人群体占比较 2017 年有了很大增长。与 2017 年相比，青年游客取代中年游客成为赴南非旅游的最大群体。

附录二　主要目的地消费特征
Appendix II　Consumption Characteristics of Main Destinations

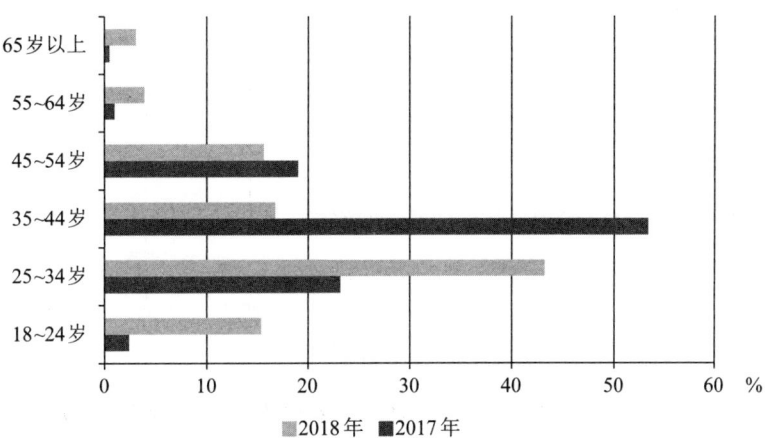

附图 2-39　2017 年和 2018 年中国赴南非旅游者年龄分布

资料来源：南非国家旅游局。

（三）中国游客消费决策因素

与 2017 年相比，2018 年的大部分中国游客以休闲度假为旅游目的，以参展为目的游客数量较 2017 年有显著增长。

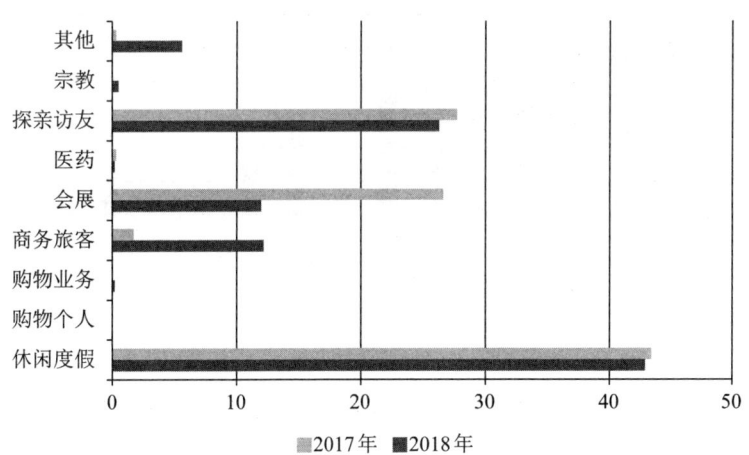

附图 2-40　2017 年和 2018 年中国赴南非游客访问目的分布情况

资料来源：南非国家旅游局。

2018 年，绝大多数中国游客是首次赴南非旅游，但六次以上赴南非的游客人数较 2017 年明显增长。

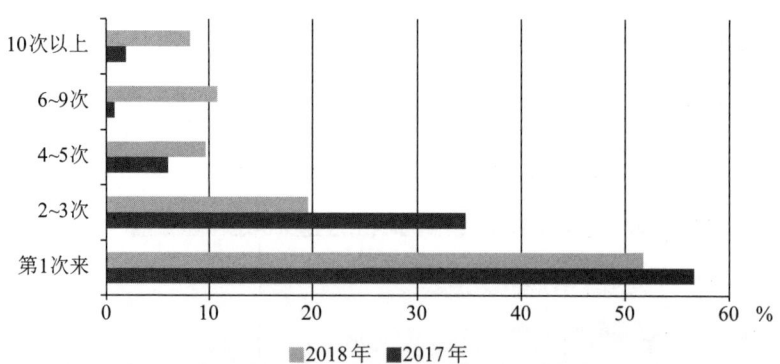

附图2-41 2017年和2018年中国赴南非游客访问次数分布情况

资料来源：南非国家旅游局。

（四）中国游客消费特征

2018年，外出就餐、购物、参观自然景点等活动是中国游客赴南非参与较多的旅游项目。

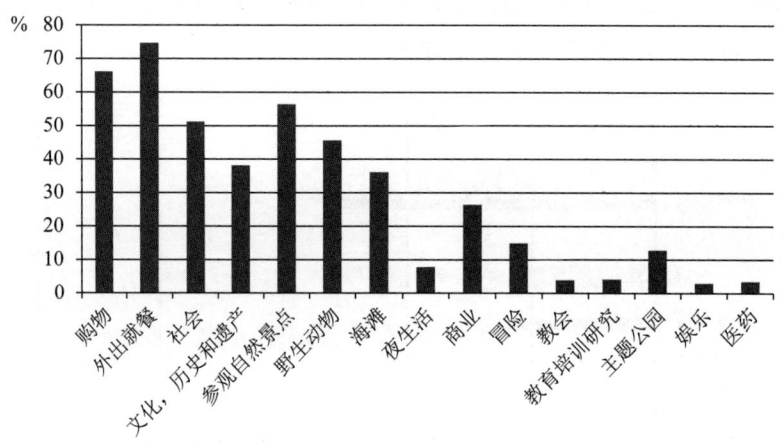

附图2-42 2018年中国游客在南非旅游活动安排情况

资料来源：南非国家旅游局。

停留时间多为两周左右。2018年，中国游客在南非平均停留时间为11天，相比2017年，平均停留时间增长。

2018年，豪登省成为中国游客赴南非的首要旅游地区。

附录二 主要目的地消费特征
Appendix II Consumption Characteristics of Main Destinations

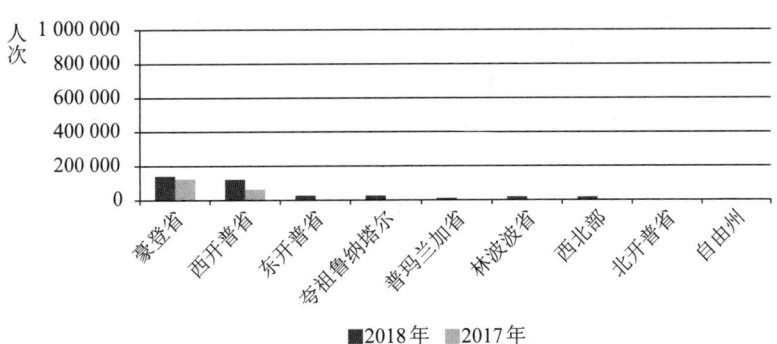

附图 2-43　2018 年中国游客在南非各省的分布情况

资料来源：南非国家旅游局。

八、澳大利亚

（一）中国游客统计信息

2 月为中国赴澳大利亚旅游的高峰期。

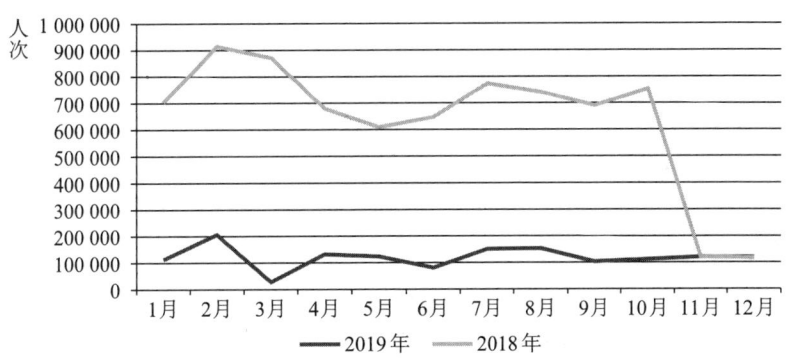

附图 2-44　2018 年和 2019 年中国赴澳大利亚旅游人次及变化情况

资料来源：澳大利亚国家统计局。

（二）中国游客消费决策特征

2019 年，超过一半的中国游客（57%）是两次及两次以上访问澳大利亚。

（三）中国游客消费结构特征

中国是澳大利亚最大的入境消费市场。2019 年，中国游客在澳大利亚的平均停留时间为 44 天，与 2018 年持平；中国游客在澳大利亚的消费为 124 亿澳元,中国是澳大利亚最大的入境消费市场,占总消费体量的30%,远远高于其他任何一个国家。

2019年中国游客赴澳大利亚旅行消费中,用于餐饮住宿和教育的费用最高,皆占24%。

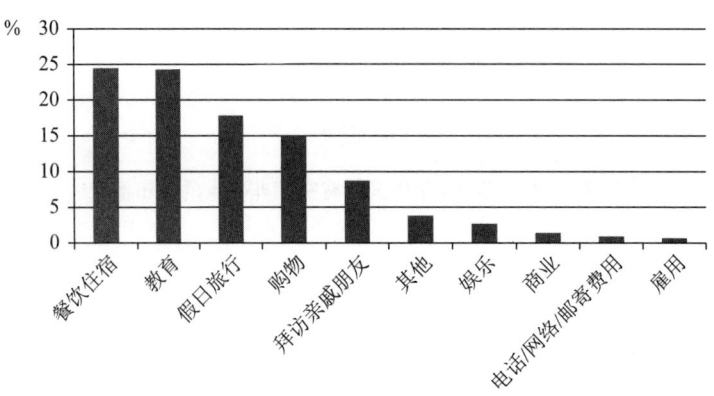

附图2-45　2019年中国赴澳大利亚消费分布

资料来源:澳大利亚国家旅游局。

2019年,中国赴澳大利亚旅行的游客大多投宿在出租房屋/公寓以及朋友亲戚家。

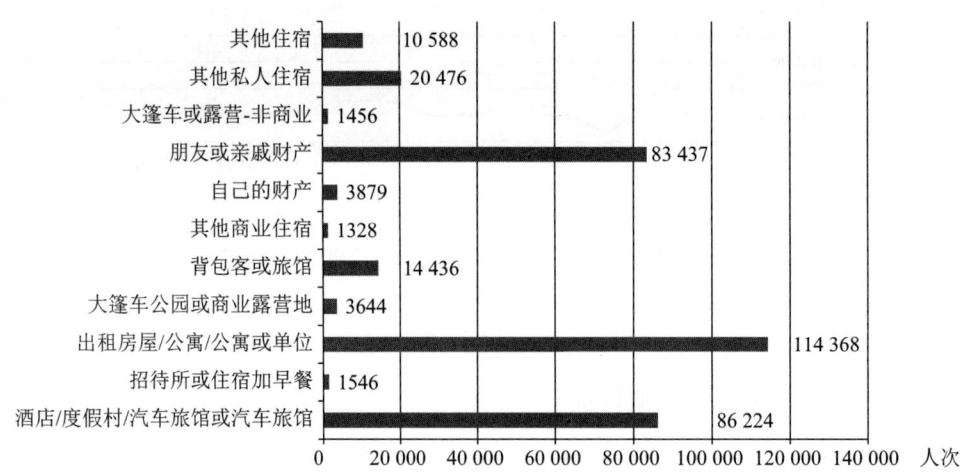

附图2-46　2019年中国赴澳大利亚住宿偏好

资料来源:澳大利亚国家旅游局。

附录二　主要目的地消费特征
Appendix II　Consumption Characteristics of Main Destinations

2019年，悉尼和墨尔本对中国游客的吸引力最大。

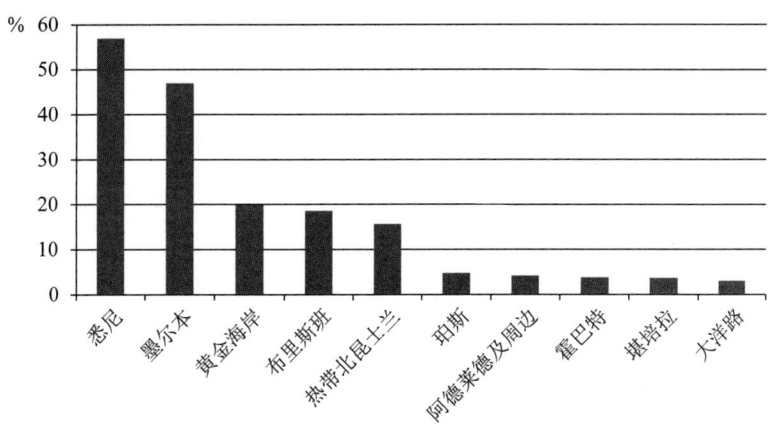

附图 2-47　2019 年中国游客对澳大利亚旅游目的地偏好

资料来源：澳大利亚国家旅游局。

后记
POSTSCRIPT

2020年我国遭遇了突如其来的新冠肺炎疫情，出境旅游承受了巨大的冲击，原本平稳增长的成长态势突然中断。在防控疫情、复工复产复业和准备未来的过程中，无论旅游主管部门、市场主体，还是千千万万的从业者和旅游者，都经受住了严峻的考验，并且积极地投身于出境旅游市场复苏工作中。

新的形势对出境旅游年度报告提出了新的要求：既要反映出境旅游发展的根本性和长远因素，也要及时回应防控新冠肺炎疫情的现实需求，与世界分享我国在出境旅游领域的疫情防控、保障游客和从业者生命健康安全、保持产业元气等方面的丰富经验。基于此种考虑，报告在延续调查方案与研究范式的基础上，努力探索与创新，又进行了必要的改版。希望在这个充满不确定性的时段，记录我们正在经历的历史，留影产业和从业者的奋斗和呼吁，游客的经历和诉求，为创造更加光明的出境旅游未来鼓与呼。以期使境内外旅游主管部门、相关旅游企业与研究机构能够获得中国出境旅游发展全面而深入的信息，对其政策制定、经营管理和教学研究等方面提供有益的参考。

整个项目由戴斌同志提出研究框架，经课题组全体成员讨论后形成了包括问卷设计、访谈提纲、调研组织在内的年度工作方案。虽然受疫情的影响和冲击，依然努力克服重重困难，进行了大量的市场调研与境内外数据收集整理，并经多次讨论修订，形成终稿。

本报告的主要执笔人分工如下：第一章，杨劲松、马仪亮、韩霄、白慧茹、戴慧慧；第二章，杨劲松、杨丽琼、吴丰林、郭娜、韩霄、余超；第三章，何琼峰、张佳怡、白慧茹、杨劲松；第四章，杨劲松、白慧茹、徐宁；第五章，杨劲松、韩霄、白慧茹；附录一，杨劲松、韩霄、白慧茹；附录二，刘祥艳、周云儿。

后记
Postscript

  书中数据如无特殊说明，来自于中华人民共和国文化和旅游部数据中心的统计数据以及中国旅游研究院的抽样调查数据。

  我们期待着中国出境旅游快速复苏，也期待着出境旅游年度报告能够为中国出境旅游的高质量成长贡献更多的力量。

课题组

2020 年 11 月 15 日